Rosemarie Wild, Spaniel

ISBN 3-275-01022-0. – 1/5-92.
Printed in Germany.

Rosemarie Wild

Reihe: »Hunderassen« · Herausgeber Urs Ochsenbein

Spaniel

Ursprung · Aufzucht · Erziehung · Pflege

Müller Rüschlikon Verlags AG
Cham · Stuttgart · Wien

Englische Cocker Spaniel im Park von Blenheim Palace
Photo: Anne Roslin-Williams

Inhaltsverzeichnis

Spaniels

Das vorliegende Buch beschreibt in vorbildlich konzentrierter Weise die Vielfalt der Spanielrassen, ihre Herkunft, ihre Standards. Als ausgewiesene Kynologin informiert die Autorin Rosmarie Wild auch über Haltung und Pflege des Spaniels während seines ganzen Lebens, vom Welpen bis zum Veteranen.

Urs Ochsenbein als Herausgeber hat unübersehbar in den beiden Kapiteln Erziehung und der Spaniel als Helfer des Menschen mitgewirkt. U.O., wie ihn seine Freunde oft nennen, ist ein Mann der Praxis und seine Ratschläge sind nicht nur schöne Worte, sondern handfeste Hinweise für ein ersprießliches Zusammenleben von Mensch und Hund.

Der Text wird ergänzt durch umfangreiches Bildmaterial. Zum einen sind dies Raritäten aus der Spanielgeschichte, welche die Autorin mit großem Engagement zusammengetragen hat, zum anderen Darstellungen, die das geschriebene Wort verdeutlichen.

So dürfte die Lektüre des vorliegenden Bandes nicht nur ein Leckerbissen für den Spanielfreund sein, sondern für manchen Anstoß, ein solcher werden zu wollen.

Der Deutsche Jagdspanielklub e. V., der Österreichische Jagdspanielklub und der Spaniel Club der Schweiz betreuen in traditionellem Einvernehmen über die Grenzen hinweg Spaniels, ihre Führer und Besitzer im deutschsprachigen Raum. Sie bemühen sich um die Züchtung gesunder, guter Familien- und Jagdhunde und setzten sich für eine optimale Haltung ein. Dieses Buch vermittelt Wissen, mit dem diese Ziele greifbar werden. Darum ist zu wünschen, daß es weite Verbreitung finden wird.

Dr. Urs Müller
Präsident des Spaniel Club der Schweiz

Sommer 1992

Dieses Buch konnte nur dank der Unterstützung meiner Freunde Theres Schmid, Urs Ochsenbein, Anne Roslin-Williams, Rainer Baumgartner und Milko van Rijn, und dem »Miteinander« der Spanielfreunde Barbara und Dr. Urs Müller und Fritz Grimmelmann, entstehen. Ihnen und den vielen hier Ungenannten danke ich herzlich für die Mitarbeit.

Teil I

Spaniel,
Woher kommt dieser Name?

Der Spaniel ist ein Jagdhund, dessen Ursprung viele Jahrhunderte zurück liegt. Lange Zeit wurde von den Spanielliebhabern angenommen, daß der Name *Spaniel* auf *Spanien* hinweise, auf einen aus Spanien stammenden Hund. *Edward Plantagenet*, der Zweite Duke of York, der den Titel *Master of Game* (Wildmeister) unter der Herrschaft seines Onkels, König Henry IV. führt, beschreibt im 14. Jahrhundert in seinem Buch über die damaligen Jagdhunde, eine aus Spanien stammende Art, die von dort nach England gekommen sei. Auch dessen Vater, *Edmund de Langley*, der *Master of Game* unter König Richard II., erwähnt in seinen Schriften einen Wasserspaniel. Weitere Hinweise zu Spanien liefert das *Livre de Chasse* oder *Mirroir de Phoebus* des *Gaston de Foix*, dieses »Sporting Gentleman«, der in der Nähe der spanischen Grenze lebte und der beschreibt, wie damals eine Art von Spaniels abgerichtet wurde, vor dem ausgemachten Wild zu verharren (chiens couchant), bis das Netz behutsam über die Vögel und die Hunde gezogen werden konnte, und die andere Art Spaniel, die das Wild in die Netze der Vogeljäger trieben. Er nennt sie »Chien d'oysel« oder »espainholz«.

Dr. Johannes Caius, der Gründer von Caius College in der berühmten Universitätsstadt Cambridge, erwähnt in seinem bekannten Werk *Of English Dogs*, entstanden um 1570,

Spaniels des frühen 19. Jahrhunderts
Copyright: Anne Roslin-Williams

9

Ein orange-weisser Spaniel, Vorfahr des Clumber Spaniels
Ausschnitt aus einem Gemälde von Stubbs
Copyright: Anne Roslin-Williams

men. Auch der Autor *Heppe* beschreibt um 1751 deutsche und englische Wachtelhunde, die für die Hühnerjagd eingesetzt wurden. *Dr. h. c. H. Räber* im *Schweizer Hundesport 1983* bezweifelt die Spanienlegende und beschreibt die Entwicklung der Stöberhunde, die auf dem Kontinent und in Großbritannien vorkamen. In die gleiche Richtung führt uns schließlich *Dr. P. Beyersdorf* in seinem umfassenden Buch *Spaniel*, wenn er den keltischen Ausdruck »spain«, in der Übersetzung für »Kaninchen«, als möglichen Ursprung betrachtet.

Der Spaniel von heute

In der Gruppe VIII, *Apportier-, Stöber- und Wasserhunde* der FCI kennen wir heute acht Spaniel-Rassen. Die bei uns wohl bekanntesten sind der *Englische Cocker-Spaniel* und der *Englische Springer-Spaniel*, wobei sich seit einigen Jahren die jüngste Rasse der Spaniel, der *Amerikanische Cocker-Spaniel*, einer immer größer werdenden Beliebtheit erfreut.

Bei uns weniger bekannt sind der *Fieldspaniel*, der *Sussex-* und der *Clumberspaniel* sowie der *Irische Wasser-Spaniel* und der aus Wales stammende *Welsh Springer-Spaniel*.

Diese acht Spaniel-Rassen sind je nach Varietät in der Größenordnung von 35,5 cm bis 58 cm zu finden. Der kleinste ist der *Amerikanische Cocker-Spaniel*, der größte der *Irische Wasser-Spaniel*. Alle Spanielarten zeichnen sich durch ihren milden, liebenswürdigen Ausdruck aus, der durch die sanften, schönen Augen noch hervorgehoben wird, die den Betrachter unwiderstehlich ansprechen. Sie sol-

Hunde, die das Wild aufstöberten, als »Setter« welche Wild an Land finden, und den »Aquaiticus« oder »Spaniel«, welcher Wild im Wasser findet. Er beschreibt weiter, daß das gewöhnliche Volk alle diese Hunde generell »Spaniel« nennt, und daß sie ursprünglich aus Spanien stammten.

Auch die Priorin eines Klosters in Hertfortshire erzählt in ihrem *Boke of St. Albans* von einem Hund, den sie »Spanyel« nennt.

»Espaingneux« werden um 1700 von einem *Herrn v. Hohberg* aus Spanien stammende Hunde beschrieben.

Anderer Meinung über das Ursprungsland ist *Strebel*, der darauf hinweist, daß im Mittelalter in ganz Europa spanielartige Hühnerhunde vorkamen und vom Wachtelhund abstam-

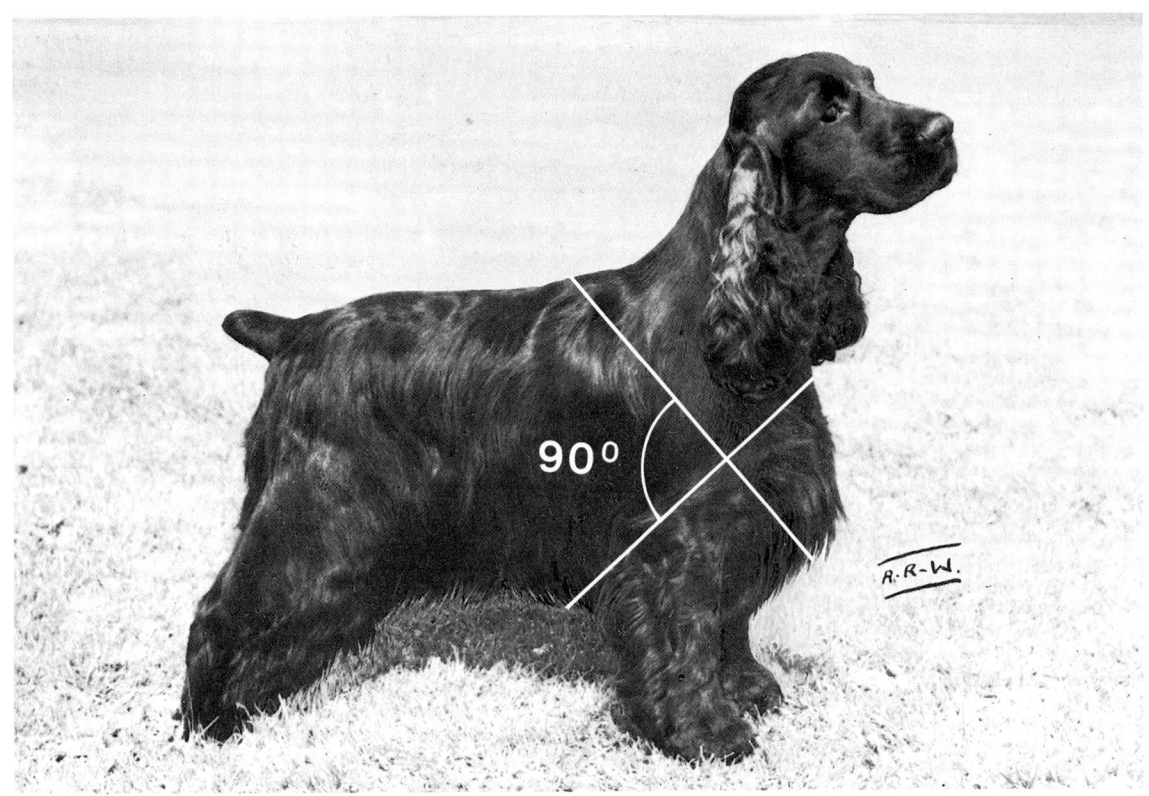

Der typische Englische Cocker Spaniel mit korrekter Vorhand die Schulter und der Oberarm bilden einen Winkel von 90°
Photo: Anne Roslin-Williams

len kräftig und harmonisch gebaut sein, einen kräftigen Nacken mit gut entwickelter Muskulatur und gut gelagerte Schultern haben, um auch eine schwere Beute apportieren zu können. Um diese Arbeit bewältigen zu können, werden sie von kräftig gebauten Vorderläufen und gut gepolsterten, stoßauffangenden Pfoten unterstützt. Die Hinterhand muß kraftvoll und starkknochig sein, die Sprunggelenke sind relativ tief angesetzt, damit der Spaniel genügend Antrieb und Schub entwickeln

kann. Dazu, und zum Tragen der Beute, unterstützt ihn ein kräftiger, gut bemuskelter Rükken. Der Brustkorb ist tief, mit guter Rippenwölbung, damit genügend Raum für Herz und Lunge vorhanden ist. Die Rippenwölbung darf aber nicht zu rund sein, damit die Vorhandaktion frei und fließend sein kann und den Spaniel für seine unermüdliche Stöberarbeit nicht durch Fehlstellungen beeinträchtigt. Bei allen Tätigkeiten ist das fröhliche Rutenspiel nicht wegzudenken. Bis vor kurzem wurde die Rute, ausgenommen beim *Irischen Wasser-Spaniel*, gedockt. Begründet wurde das Coupieren damit, daß der Spaniel ja beim Stöbern auch das dichteste und dornigste Gebüsch nicht scheuen darf und so seine Rute oft verletzte. Es ist interessant, daß auf historischen Bildern von spanielartigen Hunden die Ruten zum Teil lang sind. Das Docken war also eine Zeiterscheinung. Jagdfachleute sind geteilter Meinung. Mit der Änderung unserer Lebensgewohnheiten, mit der Industrialisierung und Einschränkung des Lebensraumes durch Verbauung und Verbetonierung hat sich vielerorts auch der Zweck des Spaniels geändert. Er entwickelte sich vom geforderten Jagdgebrauchshund zum Familienhund. Somit hat die heutige Tendenz, die Ruten nicht mehr zu

Der Spaniel, der kinderfreundliche Familienhund
Photo: T. Schmid

docken, auch von dieser Sicht her durchaus ihre Berechtigung, wobei noch zu beachten ist, daß in verschiedenen Ländern die Tierschutzgesetze in dieser Richtung angepaßt werden. Hier soll aber mit Vernunft und Verständnis der jeweiligen Situation Rechnung getragen werden. Sicher ist, daß die lange Rute als Ruder und als Steuerung ihre Berechtigung hat.

Familienhund:
Alle acht Spaniel-Varianten sind beliebte Familienhunde und für den Menschen der perfekte Ausgleich in der Tagesroutine. Sie bestechen durch ihre sprichwörtliche Liebenswürdigkeit und ihre Toleranz Kindern gegenüber. Sie sind aktiv und lebhaft, dazu aber sanftmütig und anpassungsfähig und tun alles, um dem Menschen zu gefallen. Sie sind mutig und werden ihr Haus und Grundstück gegen alle verteidigen, die nichts Gutes im Schilde führen.

Jagdhund:
Im Jagdgebrauch außer dem Amerikanischen Cocker-Spaniel mit seinem ausgesprochen wallenden, üppigen Haarkleid ist der Spaniel wegen seinen vielseitigen Anlagen als unermüdlicher Stöber-, Apportier- und Wasserhund auf unserem Kontinent sehr verbreitet und als vortrefflicher und zuverlässiger Jagdkamerad sehr geschätzt. Dabei eignet er sich auch hervorragend für die Schweißarbeit.

Drogenspürhund:
Dank seiner hervorragenden Nase wird der Cocker mit viel Erfolg als Drogenspürhund eingesetzt. Wegen seiner Größe kann er vom Hundeführer mühelos auf Möbel und ähnliche

Objekte gehoben werden (wofür sein Arbeitskamerad auf diesem Gebiet, der Labrador Retriever zu schwer ist), um auch die oberen Regionen (Regale, Schränke usw.) in Wohnungen und anderen Gebäuden nach verstecktem Rauschgift abzusuchen.

Rettungshund:

Aus ähnlichen Überlegungen (Größe) ist vor allem der Englische Cocker-Spaniel, aber auch der Englische Springer-Spaniel in den Sparten Katastrophenhund und Flächensuchhund zur Rettung des Menschen sehr vielseitig einsetzbar.

Denn auch bei dieser Art von Einsatz, wie z.B. in eingestürzten Gebäuden, wo die Durchgänge oft für größere Hunde zu eng sind, oder welche zu schwer sind, um hochgehoben zu werden, ist der Cocker Spaniel wiederum der ideale Helfer.

Bei dieser Arbeit kommt die hohe Führigkeit und Lenkbarkeit des Spaniels, die ihm seit Jahrhunderten als Jagdhund angewölft sind, zum Zuge und tragen viel Wertvolles zur guten Qualität des Rettungsteams Mensch–Hund bei.

Sporthund:

Im Sporthundebereich eignet sich der Spaniel sehr gut als Begleithund, Suchhund, Fährtenhund und Sanitätshund.

Agility:

Diese bei uns neuere, noch nicht überall bekannte Sportart ist ein idealer Ausgleich für den Spaniel. In Agility haben schnelle, wendige, leichtfüßige Hunde immer Vorteile. Wenn man dabei die Intelligenz und die große Lernbereitschaft des Spaniels einsetzen kann, wird der Hundesportler mit diesem Partner zusammen viel Spaß und Abwechslung erleben. Das wiederum bereichert das Zusammengehen und die Lebensqualität von Hund und Mensch in jeder Beziehung.

Teil II

Ursprung und Entwicklung

Über die Ursprungsgeschichte des Spaniel gibt es viele Thesen und Ansichten. Ausgrabungen und Felszeichnungen weisen darauf hin, daß schon vor 10 000 und mehr Jahren spanielähnliche Hunde auf unserem Kontinent existiert haben müssen.

In der gängigen Literatur über den Spaniel wird als erste schriftliche Quelle in den Jagdgeschichten des *Herzogs Pwyll of Dyfed* aus Wales, von den jagenden Hunden von weißer Farbe mit roten Behängen erzählt. Eine Ähnlichkeit mit dem Welsh Springer Spaniel ist offensichtlich. Der nächste Hinweis findet sich im Gesetzbuch des walisischen Königs *Hywel Dda*, das im zehnten Jahrhundert entstand. Die Übersetzung aus dem Walisischen erfolgte aber erst um die Jahrhundertwende. Dem Übersetzer war der Ausdruck »Spaniel« zu der Zeit geläufig – ob aber das walisische Wort »Cholwyn« aus dem Jahr 942, als die Gesetzessammlung entstand, mit dem Wort »Spaniel« gleichbedeutend war, ist nicht bewiesen.

Die damalige Form der Jagd hatte sich von der reinen Hetzjagd langsam zur Falknerei hin entwickelt und war mit dem »Beizvogel«, dem Falken oder dem Habicht, der das von einem Hund, einem Stöberhund, aufgescheuchte Flugwild schlug, verfeinert worden. Es wird angenommen, daß allmählich aus den Hetzhunden diejenigen, die die Stöberanlagen zeigten, von den Jägern, damals meist Edelleuten, systematisch herausgezüchtet wurden. Auch außerhalb Großbritanniens war die Falkenjagd sehr verbreitet; die Hunde hießen damals »Vogelhund« oder »Habichtshund« – diese Bezeichnung wird im Gesetzbuch des *Dagobert des II.* aus der Merowingerdynastie erwähnt – einem Fürstenhaus, das zur damaligen Zeit (V. bis VIII. Jahrhundert) zu der führenden Macht Europas gehörte. Es ist auch bekannt, daß sogar die Römer, als sie England eroberten, diese Art von Jagd mit dem Habicht oder dem Falken dort kennenlernten und in der Folge diese Sportart pflegten, indem sie einen »Landspaniel« und sehr wahrscheinlich den »water dog«, den Wasserhund, vom Kontinent dorthin brachten; so wenigstens beschreibt es *Stonehenge* in seinem Werk *The Dog*. Dabei ist aber zu beachten, daß auch zur Römerzeit die Bezeichnung »Spaniel« noch nicht geläufig war. Wie sie genau entstand, ist nicht bekannt. Sie taucht erstmals in den *Canterbury Tales* von *Chauncer* (1340–1400) auf, im *Wif of Bath's Prologue*, der Geschichte einer Frau, die mit einem Hund verglichen wird. Der Dichter sagt: »For as a Spaynel she wol on him lepe« – womit bewiesen ist, daß man spanielartige Hunde schon vor sechs Jahrhunderten in England kannte. Dieser Autor erwähnt im Zusammenhang mit dem Spaniel *Edward de Plantagenet*, *Edmund de Langley* und das *Livre de Chasse* von *Gaston de Foix*. Er glaubte, daß sie alle Spanien als das Ursprungsland betrachten.

Phoebus, wie sich *Gaston de Foix* nennt, beschreibt »Vogelhunde«, die aus Spanien kommen, aber auch in andern Ländern existieren, als massige Hunde mit großem Kopf, mit weißem oder gesprenkeltem Haarkleid und einem fröhlichen Rutenspiel. Dieses Charakteristikum, das bis zum heutigen Spaniel erhalten blieb, ist ein nicht wegzudenkendes Rassemerkmal geworden.

Ein weiteres Merkmal, die Bringfreude der Spanielartigen, wird erstmals in den Schriften von *George Turbeville* gegen Ende des 16. Jahrhunderts erwähnt.

Mit den Farbschlägen der Spaniel befaßt sich in ausführlicher Weise *Dr. Caius*, wenn er sagt: »Ihre Haut sei weiß; und wenn mit Flecken gesprenkelt, seien diese gewöhnlich rot…« Er beschreibt aber auch andere Farbschläge, wie rötlich oder schwärzlich. Zu der Zeit seien auch sehr wenige Exemplare aus Frankreich aufgetaucht, über und über weiß und schwarz gesprenkelt, was dann zu einem bläulichen, marmorartigen Effekt führe. Dieser Hinweis zeigt, daß die Engländer immer die Tendenz hatten, sich eifrig nach Neuheiten umzusehen, um sie zu besitzen, und diese dann nach geraumer Zeit als »Englischen Ursprungs« bezeichneten. »Wir Engländer scheinen ein Faible für alles Andersartige zu haben«, schreibt *H. S. Lloyd* in seinem Buch *Cocker Spaniels*.

»Zuverlässig, aktiv, lebhaft, vergnügt«, so wird der Spaniel von *Dr. Caius* beschrieben.

Ein ähnliches Bild zeichnet *Bewick* in seiner *History of Quadrupets*: »Fröhlich, lebhaft – ein unerschrockener, unwiderstehlicher, passionierter Verfolger des Wildes und expertenhaft im Aufstöbern von Wald- und Sumpfschnepfen aus ihren Schlupfwinkeln in den dichtbe-

Spaniels des Herrn Richard Nowell, Esq.
Copyright: Anne Roslin-Williams

wachsenen Wäldern und Marschen.«

Und schließlich zitiert *Dorothy Morland Hooper* »*Richard Surflet*«, einen Weidmann des 17. Jahrhunderts: »Der Spaniel ist sanfter und höflicher als jeder andere Hund dem Menschen gegenüber. Er ist ausdauernd in der Revierarbeit, Trieb um Trieb mitgehend, mit der unermüdlich wedelnden Rute und einer geschäftigen, eifrigen Nase, mit nie nachlassender Passion und Wonne von morgens früh bis abends spät.«

Anfangs des letzten Jahrhunderts finden sich nebst den Beschreibungen des Rutenspiels, das immer intensiver wird, je näher der Hund ans Wild kommt, auch Hinweise zum heutigen Begriff »spurlaut«. *Taplin* erzählt um 1803 von Spaniels, die Laut geben, nachdem sie fündig wurden, hinweisend, daß der Jäger somit auch im größten Dickicht und Buschwerk über die aktuelle Situation des Triebes im Bilde war.

Nicht nur in der Jagd- und Jagdhundeliteratur, sondern auch in der großen Literatur, z.B. in *The Country House* von *John Galsworthy* und in verschiedenen Werken *Shakespeares*, taucht der »Spaniel« auf.

Auch in der bildenden Kunst sind auf vielen bekannten Gemälden spanielartige Hunde festgehalten, so bei *Van Dyck, Rubens, Rembrandt* und *Breughel*, aber auch bei italienischen, deutschen und vor allem englischen Malern. In den letzten 2 Jahrhunderten sind in Großbritannien viele Bilder und Stiche von namhaften Künstlern entstanden, die das damals noch viel gemächlichere Landleben mit seinen Pferden und Hunden festhalten und heute viel gesuchte Raritäten sind.

Alle diese Hinweise in Literatur und Kunst sind deutliche Zeugen für das schon jahrhundertelange Vorhandensein der Spanielartigen, der Stöberhunde, die erst bei der Falkenjagd,

Ch. Bridford Giddie 1888
Copyright: Peggy Grayson

dann bei der Netzjagd, und weiter, nach Erfinden des Schießpulvers bis heute unter der Flinte immer wieder die unentbehrlichen Jagdkameraden waren.

Durch die großen Distanzen bedingt – man reiste damals mit Pferd und Wagen – entstanden überall eigenständige Spanielschläge. Die Jagdhundezucht war fast ausschließlich in den Händen des Landadels, der die nötige Zeit und Muße hatte, Hunde für sich und allenfalls für Freunde zu züchten.

Der Autor vom *Sportsman's Cabinet*, erschienen um 1803, unterscheidet zwei verschieden große Hunde, den »Springing Spaniel« als die eine Art, »von größerer Gestalt«, einzusetzen für »jede Art von Wild«, und den kleineren, den man den »Cocker« oder »Cokking Spaniel« nennt, der mehr in dichtbewachsenen Hecken und Wäldern eingesetzt wird.

Ende des 19. Jahrhunderts war ein Typ von Spaniels in Norfolk sehr verbreitet, die unter anderem auch im königlichen Zwinger *Sandringham* gezüchtet wurden, bekannt als *Norfolk Spaniel*; sie wurden erst nach 1900 *Springing Spaniel* genannt. Nachkommen dieses Schlages finden sich in den Ahnentafeln der heutigen *Englischen Springer Spaniel*.

In einer anderen Gegend, in Blenheim Palace, damals Sitz der Marlborough-Familie, und unter anderem Geburtsort des großen englischen Staatsmannes *Sir Winston Churchill*, wurden Spaniels gezüchtet, die als die Vorfahren des *Englischen Cocker Spaniel* und des *King Charles Spaniel* gelten.

Im letzten Viertel des 19. Jahrhunderts nahm die Hundezucht in England eine rasante Entwicklung. Das neue Transportmittel Eisenbahn eröffnete den Züchtern und Hundebesitzern neue Dimensionen – das Reisen wurde bequemer. Die erste Hundeausstellung fand 1859 in *Newcastle-upon Tyne* statt. 1873 ist das Gründungsjahr des *Kennel Club*, sein erster Zuchtband erschien und das erste Ausstellungsreglement entstand. Die Spaniels wurden je nach Größe in solche über 25 lb (engl. Gewicht), und solche unter 25 lb registriert, obwohl man sieben Spaniel-Varianten kannte: Clumbers, Fields, Sussex, Cocker, English- und Welsh Springer und Irish Water Spaniel. Zu der Zeit war es noch üblich, einzelne Schläge untereinander zu kreuzen. So ist bekannt, daß der Hund »Beb«, geboren 1866, als Vorfahre in den Ahnentafeln von Hunden vorkommt, die heute verschiedenen Rassen angehören. Erst mit der Gründung der verschiedenen Rasseclubs und dem Erstellen der Standards anfangs unseres Jahrhunderts, begann die Reinzucht der sieben Spanielrassen. Eine Ausnahme bildet die achte Rasse, der *American Cocker Spaniel*, die ja aus dem ursprünglich *Englischen Cocker Spaniel* in Amerika mit immer üppigerem Haarkleid her-

ausgezüchtet und mit einem, 1943 vom *American Kennel Club*, und 1946 vom *Englischen Kennel Club* registrierten Standard, als eigene Rasse anerkannt wurde.

1859 fand die erste Hundeausstellung in *Newcastle-upon-Tyne* statt. Überall im Land entstanden Vereine.

1873 wurde der englische Landesverband, *The Kennel Club* gegründet.

1885 ist das Gründungsjahr des englischen Spanielclubs, *The Spaniel Club*. Zu dieser Zeit wurden die Varianten von einigen Züchtern immer noch untereinander gekreuzt. Erst mit der Gründung der Spezialclubs wurden die Rassen wirklich »reinrassig«.

1899 fand das erste *Spaniel Field Trial*, die englische Form der Jagdprüfung in Sutton Scarsdale statt.

1902 entstand der *Cocker Spaniel Club*. Im gleichen Jahr wurde der *Welsh Springer Spaniel Club* gegründet.

1904 wurde der *Clumber Spaniel Club* gegründet.

1921 ist das Gründungsjahr des *English Springer Spaniel Club*.

1924 entstand die *Sussex Spaniel Association*.

English Springer Spaniel Merlin Max, Ausstellungssieger 1925
Copyright: Anne Roslin-Williams

Die Spaniels in der Schweiz, in Deutschland und Österreich

Im letzten Viertel des 19. Jahrhunderts begannen sich die kynologisch Interessierten, wie in England, auch in der Schweiz, Deutschland und Österreich, zusammenzuschließen, und es entstanden Clubs und andere kynologische Institutionen.

1859 wurde der *Hannoversche Jagdverein* gegründet.

1863 fand je die erste Hundeausstellung in Deutschland und in Österreich statt.

1879 wurde die *Kynologische Gesellschaft* in Wien gegründet.

1881 fand die erste Hundeausstellung in der Schweiz statt.

1883 wurden die *Schweizerische Kynologische Gesellschaft* und der Österreichische Hundezuchtverein gegründet.

Die Spaniels waren zu der Zeit beliebte und bekannte Jagdgebrauchshunde und Begleiter, und es entstand im Laufe der Jahre in den drei Ländern ein reges Zuchtgeschehen. Der Cocker Spaniel und der Springer Spaniel waren dabei die bevorzugten Rassen, und sind es bis heute geblieben.

Im ersten Band der *Schweizerischen Kynologischen Gesellschaft,* der 1884 erschienen ist, sind drei Nòrfolk Spaniels eingetragen. Die Cocker Spaniels, Importe aus England, wurden 1886 im zweiten Band registriert. Im Band VI tauchen neben Cocker Spaniel, ein Sussex- und ein Fieldspaniel auf. Ein Clumber erscheint in Band V und der erste Springer Spaniel in Band VIII.

Auch bei uns war es vor der Gründung der Spezialclubs üblich, die verschiedenen Spanielvarianten (vor allem Cocker, Springer und Field) nach Bedarf untereinander zu kreuzen. Erst mit dem Erscheinen der offiziellen Rassestandards durch den englischen *Kennel Club*, wurden die sieben damals bekannten Rassen rein gezüchtet. Der Amerikanische Cocker Spaniel entstand viel später und wurde erst im Zweiten Weltkrieg als eigene Rasse anerkannt.

1904 gründeten Spanielfreunde aus der Schweiz, Deutschlands und Österreichs, den ersten Spaniel Club. Es entstand der *Continentale Jagdspaniel-Klub.*

1907 wurde von den Pionieren der Spanielzucht dieser drei Länder, den Herren Dr. v. Muralt, Paine Stricker, Engelbrecht, Jahns, Koppehl und Bock, der *Jagdspaniel-Klub e. V.* aus der Taufe gehoben. Der *Continentale Spaniel-Klub* entschloß sich für das »Miteinander«, das immer ein wichtiges Kriterium war, und das heute mehr denn je gilt, um die Zucht dieser schönen Rassen zu fördern. Die beiden Clubs schlossen sich 1907 zum *Jagdspaniel-Klub e. V.* zusammen, und er betreute alle Spanielrassen in den drei Ländern. Heute ist er für die Spanielzucht in Deutschland zuständig.

Im gleichen Jahr entstand in Österreich der *Jagdspaniel-Klub* und 1909 wurde der *Österreicher Kynologenverband* gegründet. 1921 wurde in der Schweiz aus der Landesgruppe des *Jagdspaniel Klub* der *Schweizer Jagdspaniel-Klub* gegründet. Einige Zeit später wurde sein Name in *Spaniel Club der Schweiz* geändert. Mit der Gründung der Spezialclubs entstanden die Zuchtbücher; in ihnen wurde, und wird heute noch, das Zuchtgeschehen registriert, und jeder Hund, der eine offizielle Ahnentafel hat, ist dort eingetragen. Das Hundewesen nahm an Bedeutung zu, hatte aber durch die beiden Weltkriege auch Rückschritte zu verzeichnen.

Bis in die 50er Jahre war bei uns, wie schon an anderer Stelle erwähnt, der Englische Cokker Spaniel die bekannteste Spanielrasse. Auch den Englischen Springer Spaniel kannte man, aber er blieb im Gegensatz zum populären »Cocker« immer in der Minderheit. Die anderen Spanielrassen traten über all die Jahre eher selten auf. Das änderte sich in den letzten zwanzig Jahren. Die Hundezucht hat in dieser Zeit einen enormen Aufschwung genommen – viele Gebrauchshunderassen mußten durch unsere veränderte Lebensweise und durch unseren Wohlstand bedingt, andere Aufgaben übernehmen – der Familienhund nahm immer mehr an Bedeutung zu. Diese Entwicklung weckte auch bei uns die Neigung zum Ungewöhnlichen, zum Exklusiven. Dadurch tauchten erfreulicherweise auch die anderen Spanielrassen bei uns auf. Heute erfreut sich der Amerikanische Cocker Spaniel einer immer größer werdenden Beliebtheit. Aber auch der Clumber Spaniel und der Welsh Springer Spaniel finden sich regelmäßig auf Ausstellungen ein. Vereinzelt sieht man auch den Field Spaniel und den Irish Water Spaniel; aber sie gehören, mit dem Sussex Spaniel zusammen, nach wie vor zu den Raritäten in den drei Ländern.

Teil III

Die acht Spaniel-Rassen der Gruppe VIII der FCI

English Cocker Spaniel

Der Englische Cocker Spaniel war immer der bekannteste unter den acht Spanielrassen. Er steht ganz einfach seit Jahren für den Begriff »*Spaniel*«. Die wenigsten Leute wissen, daß es nebst »ihrem Spaniel«, eben dem Cocker, noch andere Spanielrassen gibt.

Seine Popularität kommt nicht von ungefähr: Als eher kleinerer Hund bringt er, für unsere Art von Jagd, ideale Anlagen mit. Er ist bei der Arbeit sehr ausdauernd und passioniert und wird von seiner hervorragenden Nase unterstützt.

James Johnston beschreibt ihn in seinem Büchlein *Gundog Breeds* wie folgt: »Der kleine Jagdhund, mit dem großen Herzen, ist ein unermüdlicher, lebhafter Arbeiter, immer aufmerksam und sehr mutig, der kein noch so unwegsames Dickicht scheut. Er ist ein geschätzter Apporteur von Feder- und Haarwild«. »The merry Cocker« heißt er im englischen Sprachgebrauch, und so nennt ihn auch *H. S. Lloyd* in seinem Buch *Cocker Spaniels*. »Merry« kann mit fröhlich, lustig, vergnügt und ergötzlich übersetzt werden. »The little aristocrat, the joyous companion«, der kleine Aristokrat, der fröhliche Begleiter, um *H. S. Lloyd* weiter zu zitieren, wenn er sagt:

»Er ist ein ausdauernder Sportler im Jagdgebrauch und ist absolut in der Lage, alle die Leistungen zu erbringen, die man von seinen größeren Brüdern erwartet. Er entledigt sich seiner Aufgaben mit einer intensiven Freude, indem er aus seiner Jagdpassion Nutzen für alle seine anderen Aktionen zieht. Der Cocker ist der ideale, kleine Familienhund. Er ist ein liebenswerter Begleiter, ein zuverlässiger Babysitter.«

»Cocking Spaniel« – diese Bezeichnung taucht erstmals Ende des 18. Jahrhunderts in der Spanielgeschichte auf. 1803 erwähnt *W. Taplin* im *Sportsman's Cabinet* den großen »springing spaniel« und den »diminutive cocker spaniel«, den kleineren Cockerspaniel. Das Wort »cocking« kommt von »woodcock«, der Waldschnepfe, eine zur damaligen Zeit häufig vorkommende, bevorzugte Wildart, zu deren Bejagung ein bestimmter Typ Spaniel

Englische Cocker Spaniels:
rot Photo: B. Müller
orange-weiss Photo: Anne Roslin-Williams
2 Blauschimmel Photo: Anne Roslin-Williams
black and tan Photo: A. Roslin-Williams
schwarz Photo: U. Ochsenbein

Schwarze Spaniels:
Mr. J. Farrow's »OBO«
Mr. P.P. Phelp's »Miss OBO«
die Vorfahren des Cocker Spaniels 1888
Copyright: Anne Roslin-Williams

Die »Of Ware Cocker«
Photo: Fall

The Of Wares

Cavalier   Mark   Marcus of Akron   Countess Chloe   Tracey Witch   Hyperion

geeignet war. Es wird angenommen, daß im Laufe des letzten Jahrhunderts aus den *Bleinheim Spaniels* des *Duke of Marlboro*, welche vor allem für die Schnepfenjagd eingesetzt wurden, der heutige Cockerspaniel und der King Charles Spaniel hervorgingen. Die englische Landschaft wird von den vielen Hecken, welche Felder und Straßen säumen, geprägt. Um das Wild aus diesen dichten, oft dornigen Unterschlüpfen aufzustöbern, braucht es einen sehr agilen Hund von eher kleinerer Statur, die es ihm erlaubt, mühelos selbst durch kleinste und engste Öffnungen durchzukommen. Der Cockerspaniel entspricht in jeder Beziehung diesem Wunschbild.

Die Cockergeschichte sieht in »Obo« den Urvater der Rasse. Der Züchter dieser Linie, *J. J. Farrow*, hat sich sehr für die Rasse und die Erarbeitung des Cockerstandards eingesetzt.

Stellvertretend für die vielen Pioniere in der Cockerzucht sei *Herr Lloyd* und seine *of Ware-Cocker* erwähnt, die als nicht wegzudenkende, äußerst wichtige Eckpfeiler der Rasse gelten. Der Englische Cocker Spaniel vermittelt das Bild eines quadratisch gebauten, symmetrisch wirkenden, langhaarigen Hundes, der mit seiner Fröhlichkeit und seinem ausdrucksvollen Blick unwiderstehlich auf den Betrachter wirkt.

Symmetrisch gebaut bedeutet, daß das Maß vom Widerrist zum Rutenansatz gleich lang ist, wie die Distanz vom Widerrist zum Boden.

Cocker Spaniel von heute:
Sh. Chr. Chassicway Carrie Ann
Photo: Anne Roslin-Williams

Invader, Whoopee und Lucky Stare of Ware Photo: Fall

Lucky Star of Ware Cruft's Sieger 1930/1931 Photo: Fall

2 Englische Springer Spaniels
Photos: Anne Roslin-Williams

2 Amerikanische Cocker Spaniels
Photos: Anne Roslin-Williams und S. Schmid

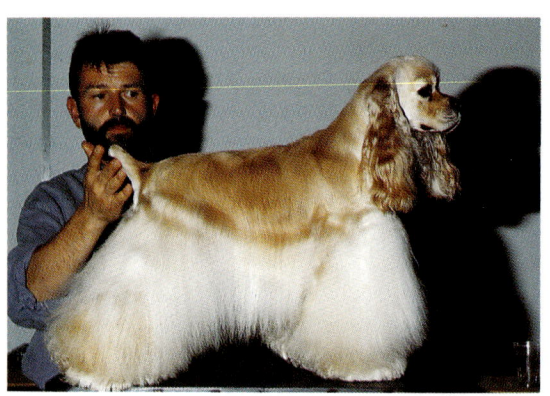

Clumber Spaniel
Photo: Anne Roslin-Williams

Field Spaniel
Photo: Anne Roslin-Williams

Irischer Wasser Spaniel
Photo: Anne Roslin-Williams

Sussex Spaniels
Copyright: Anne Roslin-Williams und D. Gardner

Welsh Springer Spaniel
Photo: Anne Roslin-Williams

Springer Spaniel der 30er Jahre Ch Dry Toast
Photo: Addams

Ein »Grosser« in der Springer Geschichte:
Sh. Ch. Hawkhill Connaught
Photo: Anne Roslin-Williams

Englische Springer Spaniels von heute:
Photo: Anne Roslin-Williams

Englisch Springer Spaniel

Der Englisch Springer Spaniel ist der größte der Landspaniels und gilt als eine alte Rasse, die bis ca. 600 Jahre zurück verfolgt werden kann. Er wurde damals zum Finden und Aufmachen (springing) von Wild für das Netz, den Falken oder Windhund, gezüchtet. Diese natürlichen Anlagen, stöbern und aufmachen unter der Flinte, und seine große Bringfreude nach dem Schuß, zeichnen ihn heute als idealen Allround-Jagdgebrauchshund für Feld, Wald und Wasser aus. Er ist gelehrig und anpassungsfähig und auch als Familienhund sehr geeignet. Mit seinem feinfühligen, freundlichen und kinderlieben Wesen ist er ein treuer und ruhiger Hausgenosse, als täglicher Begleiter aber sehr aktiv, ausdauernd und unkompliziert, sei es nun als Jagd-, Dienst-, Rettungs-, Sport- oder einfach als Familienhund.

In der über Jahrhunderte währenden Entwicklungsgeschichte der Spanielarten taucht die Bezeichnung »springing spaniel« erstmals in den Schriften des Dr. Caius auf. Damit wurde aber damals nicht auf eine bestimmte Rasse, sondern auf die besondere Arbeitsweise dieser Spanielart hingewiesen, die sich beim Stöbern in kurzen Sprüngen fortbewegt.

Der Englisch Springer Spaniel vermittelt das Bild eines symmetrisch und kompakt gebauten, aktiven und fröhlichen Hundes, der sich in einer ihm eigenen Gangart fortbewegt. Sie wird im Standard des Englischen Kennel Club wie folgt beschrieben: »Seine Vorderläufe sollen sich aus der Schulter heraus frei und ohne Kraftaufwand, in einer geraden Linie vorwärts schwingen, wobei die Füße kraftvoll, und ohne zu paddeln, nach vorn geworfen werden. Die Sprunggelenke greifen weit unter den Körper und folgen der Vorhand in einer Linie. Die Bewegung soll leichtfüßig, federnd und schwungvoll sein.«

American Cocker Spaniel

Der Amerikanische Cocker Spaniel entstand um ca. 1870 aus dem Englischen Cocker Spaniel und der Einkreuzung eines American Brown Water Spaniels. Die ersten amerikanischen Züchter entwickelten diesen neuen Typ mit dem Ziel, Hunde mit kürzerer Rückenpartie und kleiner als der Englische Cocker Spaniel, zu züchten. Mit den Jahren wurde dabei auch der Fang kürzer und das Schädeldach etwas höher gerundet. Die wichtigste Veränderung aber war das Haarkleid. Es wurde über die Jahre systematisch üppig gezüchtet und reicht in der heutigen Form fast bis zum Boden. Damit entfernte sich der amerikanische Cocker im Aussehen immer mehr von seinem englischen Bruder und wurde 1943 vom Amerikanischen Kennel Club mit einem eigenen Standard als separate Rasse anerkannt. Heute ist der ehemals sehr geschätzte Stöberer an Land wie im Wasser, ein beliebter Ausstellungs- und Familienhund geworden. Er gilt in Amerika als die weitverbreitetste Rasse und wird auch hierzulande immer populärer. Sein schalkhaftes, liebenswertes, fröhliches und unkompliziertes Wesen trägt viel zu seiner Beliebtheit bei. Der Amerikanische Cocker

Amerikanischer Cocker Spaniel:
Photo: S. Schmid

Spaniel vermittelt das Bild eines attraktiven und lebhaften, mit bestechender Eleganz sich bewegenden Hundes. Es wird durch sein überaus üppiges, seidiges Fell und die Haltung seines fein gemeißelten Kopfes noch unterstrichen.

Clumber Spaniel

Der Clumber Spaniel gilt wegen seiner würdevollen Erscheinung und seinem nachdenklichen Ausdruck als »Aristokrat« der Spaniels. Er ist intelligent, gutmütig, ruhig, aber wenn gefordert sehr aktiv, ausdauernd, beständig und mutig. Sein höchstes Ziel ist es, dem Menschen zu gefallen. Er ist Fremden gegenüber eher etwas zurückhaltend und wirkt reserviert, aber nie aggressiv. Im Jagdgebrauch ist er im Feld wie im Wasser ein vorzüglicher, stummer Stöber- und Apportierhund.

Sandringham Scion
Copyright: Anne Roslin-Williams

Der »Kennelmaster« des königlichen Zwingers »Sandringham« mit den Hunden von König Edward VIII 1935
Copyright: Anne Roslin-Williams

Der Clumber Spaniel vermittelt das Bild eines schweren, massig gebauten Hundes, mit einem eher langen, rahmenfüllenden Körper, der auf etwas kurz wirkenden kräftigen und gut gewinkelten Läufen steht.

Sein Kopf ist groß, schwer, aber nie plump wirkend; mit breitem Schädel, ausgeprägtem Stop, schweren Augenbrauen und sanft blikkenden, dunkel-amberfarbenen Augen. Die großen Behänge sind wie ein Weinblatt geformt und hängen leicht nach vorne. Der kräftige Fang ist breit und tief, mit gut entwickelten Lefzen.

Der Nacken ist kräftig, sehr muskulös und trocken und von guter Halslänge, eine wichtige Voraussetzung für einen Apportierhund. Die gut befederte Rute ist eher tief angesetzt und in der Fortsetzung der geraden Rückenlinie getragen.

In der Bewegung »rollt« der Clumber Spaniel. Diese Gangart ist typisch und durch die kurzen Läufe und den langen Körper bedingt. Sein Fell ist seidig, dicht und an der Brust und den Läufen befedert. Die Haarfarbe ist mehrheitlich weiß, mit kleinen, gelben Tupfen oder Abzeichen an den Behängen, am Fang und Rutenansatz. (Die orange Farbe ist nach Standard toleriert.) Seinen Namen hat er von *Clumberpark*, dem Landsitz des *Zweiten Herzogs von Newcastle* erhalten. Die Rassegeschichte erzählt: Als die Schatten der französischen Revolution für König Ludwig XVI. immer größer und größer wurden, beschloß er, sich von seinen Hunden und Pferden zu trennen, um sie nicht dem wütenden Mob zu überlassen.

Der *Duc de Noailles*, der etwas mehr Bewegungsfreiheit als der König hatte, brachte einige Hunde aus dem königlichen Zwinger nach

Nottinghamshire, England, nach Clumberpark.

Der Herzog von Newcastle war sehr angetan von diesen Hunden; er züchtete sie fast nur für sich, nur ganz wenige wurden vereinzelt an enge Freunde oder Nachbarn weitergegeben. Es existiert ein Gemälde von *Francis Wheatley*, um 1788 entstanden, auf dem der Zweite Herzog von Newcastle in Begleitung seiner Wildhüter und drei Hunden dargestellt ist. Diese Hunde entsprechen dem Typ jener Spaniels, die der Herzog von Noailles nach England gebracht hatte, und die ja angeblich vom Alpenspaniel und dem eingekreuzten St. Bernhardshund abstammen sollen. Eine Ähnlichkeit mit dem früheren Bernhardiner, der damals viel weniger massig als heute war, ist tatsächlich noch im heutigen Clumber, mit seinem breiten, massiven Schädel, seinem tiefen Fang und kraftvollen Nakken, festzustellen.

Der »Clumber« wurde auch als königlicher Hund bekannt. *Prinz Albert*, der Gatte von *Königin Victoria* lernte die Rasse in *Clumberpark* kennen und schätzen. Sein Sohn, der *Prince of Wales* und späterer König *Edward VII.*, gründete den königlichen Zwinger *Sandringham* mit seiner Lieblingsrasse, dem *Clumber*, nachdem er *Sandringham House* in Norfolk gekauft hatte.

Die Zucht dieser Spanielrasse blieb immer in kleinerem Rahmen auf einen Kreis einiger weniger Züchter beschränkt; der *Clumber* war nie ein Hund des »Jedermann«. Es wird ihm nachgesagt, daß er mit seinem bedächtigen Arbeitstempo der ideale Jagdbegleiter des älteren Herrn sei, dessen »mit dem Alter zunehmende Taille«, eine etwas gemächlichere Gangart verlangt.

Clumber Spaniel mit Fasan
Photo: Anne Roslin-Williams

Field Spaniel

Diese Rasse ist außerhalb Großbritanniens fast nicht bekannt. Sie entstand in den späten 80er Jahren des letzten Jahrhunderts aus Kreuzungen zwischen dem »Sussex«, dem »Cocker« und dem »Springer« und wurde 1893 mit einem eigenen Rassestandard registriert. Der Field Spaniel vermittelt das Bild eines harmonisch gebauten Jagdgebrauchshundes. Er ist etwas größer und schwerer als

Ch. Wribbenhall Waiter 1925
Copyright: Anne Roslin-Williams

Field Spaniel von heute
Photo: Anne Roslin-Williams

der »Cocker« und zeichnet sich mit seiner überaus fein entwickelten Nase als zuverlässiger, unermüdlicher Stöberer in Feld, Wald und Wasser aus. Dank seiner Größe wird er als guter Apporteur für Beute von beachtlichen Gewichten sehr geschätzt.

Er ist ein liebenswerter, aktiver und ausdauernder Begleiter, und es ist bedauerlich, daß diese feinfühlige Rasse nicht sehr verbreitet und bekannt ist.

Er ist einfarbig schwarz, braun oder schimmel, oder hat zusätzlich zu diesen Farben noch Loh-Abzeichen an den Augenbrauen, den Wangen, den Fesseln und Pfoten.

Irish Water Spaniel

Der Irische Wasser Spaniel, der größte unter den Spanielrassen, ist ein vielseitig einsetzbarer Jagdgebrauchshund, der dank seiner Wasserfreude und Ausdauer beim Einsatz in den dichtesten Sümpfen und Marschen als »Der Wasserhund par excellence« gilt. Für diese Art Arbeit ist er auch bei schlechtesten Witterungsbedingungen durch sein dichtes, öliges, ringellockiges Haarkleid geschützt. Dank seinem kräftigen Körperbau kann ihm kein noch so anstrengender Arbeitseinsatz etwas anhaben; er ist wegen seiner sagenhaften Ausdauer sehr geschätzt. Er ist ein sportlicher, ausgezeichneter Begleithund. Bei der Arbeit ist er gelehrig, treu, mutig, ausdauernd und aufmerksam, in der Familie ein lustiges und fröhliches Mitglied. Außerhalb des Vereinigten Königreiches ist er nicht sehr bekannt – er ist der typische Insider-Hund geblieben.

Der Irische Wasser Spaniel vermittelt das

Bild eines kompakten und kräftigen Hundes, der sehr wohl von der allgemeinen Erscheinung des Spaniels abweicht; er erinnert, von der Größe und der Form her gesehen, und mit seinem, außer am Kopf, der Halsunterseite und der Rute, dicht gelockten Fell, entfernt eher an den Curly Coated Retriever oder an den Königspudel.

Sein glatthaariger Kopf ist von guter Größe. Das gewölbte Schädeldach ist von langen gedrehten Locken bedeckt, die, sich zuspitzend, bis zwischen den Augen über den nicht zu ausgeprägten Stopp fallen und so einen clownhaften Eindruck vermitteln. Der Hals ist lang, kräftig und gut bemuskelt, und ist hinten und an den Seiten, wie der ganze Körper, mit den typischen Locken bedeckt, mit Ausnahme der Halsunterseite, die, von vorne gesehen, vom Unterkiefer bis zum Brustbein V-förmig glatthaarig, wie das Gesicht ist.

Die Rute ist an der Basis dick und verjüngt sich zur Spitze hin. Sie ist im oberen Drittel mit Locken besetzt, um dann abrupt in Kurzhaar überzugehen.

Wer auch immer der Urahn des »Irische Wasser Spaniels« gewesen sein mag, ist nicht bewiesen. Daß es sich aber um eine sehr alte Rasse handelt, und möglicherweise schon vor der Christianisierung Irlands existierte, sprechen verschiedene Quellen. Damals gab es in Irland zwei Wasserspanielschläge, den »Southern Waterspaniel«, von dem der heutige Irische Wasser Spaniel abstammen soll, und den »Northern Waterspaniel« oder »Tweed Water Spaniel«, der heute ausgestorben zu sein scheint.

Andere Hinweise versuchen, seine Herkunft aus Spanien zu erklären. So weiß eine (leider nicht ernst zu nehmende) Genealogie zu be-

Irischer Wasser Spaniel
Photo: Anne Roslin-Williams

richten, die Kriegsschiffe der Armada hätten solche Hunde als Maskottchen mitgeführt. Diese seien an die irische Küste geschwommen und hätten die gleiche Abstammung wie der portugiesische *Cão de Agua*.

Auch *Clifford L. B. Hubbard* bezeichnet in *Dogs in Britain* Spanien als Ursprungsland.

In den 30er Jahren des letzten Jahrhunderts sind die Anfänge der Reinzucht dieser Rasse zu suchen. 1834 wurde der Hund »Boatswain« geboren, von *Mr. Justin McCarthy* gezüchtet. Er gilt als der Urahn aller heute wichtigen Zuchtlinien.

Sussex Spaniel

Der Sussex Spaniel hat seinen Namen von der Landschaft »Sussex« erhalten. Die dortigen Landbesitzer züchteten einen kräftigen Spanielschlag, der mit Ausdauer im schwe-

Sussex Spaniel
Copyright: Anne Roslin-Williams

ren, lehmigen Boden dieser Gegend die dichten Hecken und die oft steilen, mit vorwiegend Eichen und Buchen bewaldeten Hügel zu durchstöbern vermochte. Die Rassegeschichte sieht in *Augustus Eliott Fuller*, von *Rosehill Park* in Sussex, den Begründer der Sussexrasse, die er über fünfzig Jahre lang, bis zu seinem Tode 1857, züchtete. Um die Jahrhundertwende wurde dem Sussex Spaniel nachgesagt, er sei der in der Beliebtheit führende Stöberer, von kräftiger, gedrungener Statur, der kein noch so dichtes und dorniges Gebüsch scheue. Als besonderes Merkmal wurde seine spurlaute Arbeitsweise erwähnt, wobei er seine Stimme so modulierte, daß sein Führer sofort im Bilde war, ob Haar- oder Federwild aufgemacht wurde.

Der Sussex Spaniel vermittelt das Bild eines massiven, kräftig gebauten Hundes. Er ist etwa von gleicher Größe wie der »Cocker Spaniel«, ist aber wesentlich schwerer und

Mr. Campell Newington und seine Sussex Spaniels 1908
Copyright: Peggy Grayson

Neugierige Sussex-Welpen
Copyright: Anne Roslin-Williams

massiver. Ein besonderes Merkmal ist seine Haarfarbe. Sie wird als leberbraun mit einem, zu den Haarspitzen hin intensiver werdenden Goldton umschrieben. Die Leute von Sussex glauben, so wenigstens ist es vom Volksmund überliefert, daß diese besondere Farbe durch die eisen- und möglicherweise rotgoldhaltige Erde dieser Gegend komme, da auch der dort gezüchtete Pferdeschlag und das Vieh eine ihm eigene rote Farbe aufweise.

Der Sussex Spaniel ist bei uns fast unbekannt. Er ist, neben seinen vorzüglichen Eigenschaften als Jagdgebrauchshund, ein angenehmer Hausgenosse, der mit seinem schmelzenden Blick aus haselnußfarbenen Augen und dem goldschimmernden Fell auffällt und unwiderstehlich wirkt. Man sagt ihm nach , daß er »grinse« oder »lächle«, wenn er seinen Charme bei seinem Besitzer mit Erfolg einsetzen kann.

Welsh Springer Spaniel
Photo: Anne Roslin-Williams

Welsh Springer Spaniel nach einem Gemälde von Maude Earl 1906 Copyright: Anne Roslin-Williams

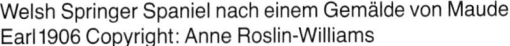

Welsh Springer Spaniel

Der Welsh Springer Spaniel ist bei uns auf dem Kontinent erstaunlicherweise nicht sehr verbreitet. Dabei ist er, von seiner mittleren Größe und seinem unkomplizierten Wesen her gesehen, ein idealer Familien-Begleiter und ein hervorragender Jagdgebrauchshund.

Der Welsh Springer Spaniel vermittelt das Bild eines symmetrisch gebauten, kompakten und kräftigen Hundes. Er ist fröhlich, lebhaft und ausdauernd und bewegt sich mit viel Schwung und Schub.

Jacques Guilbaud, der Autor des Buches *La chasse et le droit*, beschreibt seinen jun-

gen »Welsh Springer« wie folgt: »Ja, dieser Hund, obwohl noch fast ein Welpe, hat mich bezaubert; ich bin von ihm wegen seiner Intelligenz, seiner Sanftheit, seiner Anhänglichkeit und seiner Aufmerksamkeit, die er seiner Umwelt entgegen bringt, hingerissen. Jedesmal, wenn sein Blick den meinen trifft, schließe ich ihn wieder neu in mein Herz.«

Es wird angenommen, daß der Welsh Springer Spaniel und der heutige Epagneul Breton, die gleichen Vorfahren haben. Als im 5. Jahrhundert das gallische Reich von den Franken, unter *König Chlodwig*, erobert wurde, emigrierten viele Gallier, die wie die Bewohner Schottlands, Irlands und Wales, keltischer Abstammung waren, mit ihren Stöberhunden aus dem flämischen Teil Galliens. Ein Teil von ihnen zog über Devon und Cornwall nach Wales, ein anderer siedelte sich weiter südlich, in der heutigen Bretagne, an. Erste Hinweise auf Wales finden sich im *Gwentian Code*, dem Gesetzbuch von König *Howell The Good* (»HywelDda«), in dem ein Spaniel (»Colwyn«) erwähnt wird.

Spaniels aus Wales, früher auch »Starter« oder »Tarfgi« genannt, waren meistens von rot-weißer Farbe.

Weil sie schon vor so langer Zeit in Wales vorkamen, werden sie heute als einheimische Rasse betrachtet.

Teil IV

Physiologie und Verhalten des Hundes

Der Hund eignet sich wie kein anderes Lebewesen zum Begleiter des Menschen. Durch die rasante Entwicklung einer nur den menschlichen Bedürfnissen angepaßten hochtechnisierten Umwelt hat der Hund jedoch seinen natürlichen Lebensraum fast vollständig verloren. Nun liegt es am Menschen, seinem Begleiter dennoch ein seiner Art entsprechendes Umfeld zu schaffen. Dazu muß er einiges über die Bedürfnisse des Hundes und über sein Verhalten wissen.

Der Hund ist kein Kind, das nicht sprechen kann, sondern ein von der Natur völlig anders ausgestattetes Wesen als der Mensch. Er ist ein Meutetier, das Geselligkeit liebt und, sich selbst überlassen, mit der Zeit verkümmert. Sein ihm angeborenes Sozialverhalten ermöglicht dem Hund, in seiner Besitzerfamilie eine Ersatzmeute zu finden, in der er seine Rangstufe innerhalb des »Rudels« suchen wird. Damit ist dem Besitzer die Möglichkeit gegeben, ihn in den Familienbereich einzufügen, vorausgesetzt, daß er ihn artgerecht erzieht.

Der Hund gehört in die Kategorie der höher entwickelten Säugetiere. Er besitzt ein vorzügliches Lernvermögen und ein gutes Gedächtnis. Dies befähigt ihn, aus angenehmen und unangenehmen Erlebnissen Erfahrungen zu sammeln und sich dann auch entsprechend zu verhalten. Er vermag jedoch nicht in menschlichen Begriffen zu denken und hat von menschlicher Moral keine Ahnung. Er befindet sich jenseits von »Gut und Böse«.

Das Hirn des Hundes ist bedeutend einfacher ausgebildet als das des Menschen. Aber er verfügt über genügend Fähigkeiten, um mit den Menschen in Kontakt zu treten. Um ein gutes Team Mensch/Hund zu bilden, müssen beide Partner lernen. Für den Menschen geht es darum, zu erkennen, wie er sich verhalten muß, damit der Hund eine Chance hat zu merken, was er von ihm will. Der Hund seinerseits muß sich an die Äußerungen des Menschen (Hör- und Sichtzeichen) gewöhnen und lernen, diese mit den ihnen zugeordneten Handlungen in Verbindung zu bringen.

Wie erfährt der Hund seine Umwelt?

Zur Wahrnehmung seiner Umgebung benutzt der Hund seine Sinnesorgane: Nase, Ohren, Augen, Tast- und Geschmackssinn – diese sind für ihn die Pforten zur Umwelt.

Nase: In erster Linie verläßt sich der Hund auf seine Nase, denn die Geruchsbilder bilden den wichtigsten Teil seiner Umwelt. Sein Riechfeld ist viel größer als dasjenige des Menschen: Hund 120–170 cm^2, Mensch 5–7 cm^2.

Ohr: Das hundliche Gehör ist dem menschlichen überlegen. Es nimmt Töne und Geräusche wahr, die der Mensch nicht mehr hört.

Auge: Der Hund ist ein Bewegungsseher, der auch auf erhebliche Distanz (ca. 500–700 m) etwas erblicken und auf Grund der Bewegungsweise erkennen kann.

Ein stillstehendes Objekt kann der Hund wohl über große Distanzen sehen, hat aber nicht, wie der Mensch, die Fähigkeit, dieses zu erkennen.

Tastsinn: Sein Tastsinn ist hochentwickelt und ist über die ganze Körperoberfläche verteilt. Besonders empfindlich sind der Nasenspiegel, die Lippen, die Pfoten, die Augenbrauen, die Schnauz- und Barthaare.

Raumempfinden: Er hat ein blitzschnelles Reaktionsvermögen und bewegt sich in einer Welt voller Hindernisse sicher.

Geschmackssinn: Aasverwerten hat der Hund von seinen Ahnen übernommen. Sein »guter Geschmack« ist für ihn lebenswichtig, die Grenzen des »Erträglichen« sind anders als beim Menschen.

Überlegungen vor dem Kauf eines Hundes

Vor dem Hundekauf sollte man sich eine wichtige Frage stellen und ein paar grundsätzliche Überlegungen machen.

Was ist ein Hund?
Reichen meine allgemeinen Kenntnisse aus, weiß ich über die Bedürfnisse eines Hundes genügend Bescheid?

Der Zeitfaktor
Bin ich bereit, während der nächsten 10–15 Jahre tagtäglich, *immer* – bei jedem Wetter – viel persönliche Freiheit für ein Tier zu opfern? Erlauben mir meine Hobbys, auch am Wochenende meinem Hund genügend Zeit zu widmen? Wie gestalte ich in Zukunft meine Ferien? Nicht alle Strände sind während der Hauptsaison für Hunde offen – Skipisten sind tabu. Bin ich grundsätzlich bereit, andere Ferien zu planen, wo der Hund integriert ist, oder habe ich eine Bezugsperson, die ihn während meinen Ferien betreut?

Die Familienintegration
Wie stellen sich die übrigen Familienmitglieder zu einem Hund? Hier sollten schon alle positiv eingestellt sein, denn der Hund hat ein Anrecht auf Zuwendung und Geborgenheit. Als Meutetier spürt er als erster Spannungen – damit sind Schwierigkeiten programmiert. Es sollte auch abgeklärt werden, ob allenfalls jemand in der Familie allergisch z. B. gegen Hundehaare reagiert.

Die Wohnsituation
Ist meine Wohnsituation überhaupt für Hundehaltung geeignet? Ist ein Versäuberungsplatz in vernünftiger Distanz erreichbar? Auch Hunde müssen manchmal ganz schnell... Da ist eine verbetonierte Welt sicher nicht die richtige Umgebung. Als Mieter muß abgeklärt werden, ob Haustiere gestattet sind.

Die Nachbarn
Nicht alle Menschen sind Hundefans. Es empfiehlt sich, hier gut zu sondieren und vor dem Kauf einen Konsens zu finden, der auf die Dauer alle befriedigt.

Mutter und Hausfrau
Bin ich als Mutter eines Säuglings und/oder von noch nicht schulpflichtigen Kindern überhaupt in der Lage, neben meiner Aufgabe, diese in die Selbständigkeit zu führen, auch

noch einem Hund die nötige Aufmerksamkeit, Zeit und Liebe entgegen zu bringen? Ein Hund eignet sich nicht als Spielzeug für Einzelkinder und schon gar nicht als Elternersatz für Kinder, die zuviel allein sein müssen.

Beruf und Hund

Als ganz- oder halbtags berufstätige Person muß ich wissen, daß ein tagtäglich stundenlang allein gelassener Hund jämmerlich verkümmern wird. Dazu wird er anfangen, sich selbst zu beschäftigen und sich mit dem Naheliegendsten zu befassen: nämlich der Wohnungseinrichtung. Da werden Teppiche und Möbel angefressen. In einer solchen Lebenssituation ist es besser, auf einen Hund zu verzichten – es sei denn, man könne das Tier mit an den Arbeitsplatz nehmen. Man darf nie vergessen, daß der Hund ein Meutetier ist, das Geselligkeit liebt und braucht.

Der finanzielle Aufwand

Die Kostenfrage ist ein nicht unwesentlicher Faktor. Für Futter, Hundesteuer, Tierarzt und Haftpflichtversicherung ist pro Jahr mit etwa 2000 Fr. zu rechnen.

Rüde oder Hündin?

Eine immer noch weit verbreitete Meinung – wohl vor vielen Jahren zur Zeit der Kettenhunde entstanden – behauptet, die Hündin sei viel anhänglicher, sensibler und hausgebundener als der Rüde, der zum Streunen neige. Die moderne Verhaltensforschung widerlegt diese alte »Volksweisheit«. Man hat erkannt, daß ein Hund seinen Neigungen entsprechend beschäftigt sein will. Ein geforderter Hund ist ein zufriedener Hund – ob Rüde oder Hündin spielt keine Rolle. Es ist offensichtlich, daß der Rüde, bedingt durch seinen kräftigeren Körperbau imponierender wirkt als die Hündin, ihr aber punkto Anhänglichkeit und Sensibilität in keiner Weise nachsteht.

Hündinnen werden in der Regel zweimal pro Jahr läufig. Eine Hitze dauert drei Wochen. Die Hündin scheidet aber schon einige Tage davor und auch danach Gerüche aus, die beim Rüden den Fortpflanzungstrieb auslösen und sein Verhalten beeinflussen können.

Der Hundekauf

Jeder Spanielwelpe ist im Alter von vier Wochen ein herziges Wollknäuel, das unweigerlich die sentimentale Seite des Interessenten berührt und möglicherweise einen Entscheid auslöst, der oft bitter bereut wird. Es ist empfehlenswert, sich viel Zeit zu nehmen und verschiedene Zuchtstätten anzuschauen. Dieser Schritt ist enorm wichtig, denn erst im Gespräch mit dem Züchter und im Kontakt mit seinen Tieren, gewinnt man den ersten hautnahen Eindruck seiner Wunschrasse. Der Besuch einer Hundeausstellung ist eine gute Gelegenheit, viele Züchter und ihre Hunde kennenzulernen.

Züchteradressen findet man im offiziellen Organ des Landesverbandes oder beim Spezialclub.

Schweiz:

Schweizerische Kynologische Gesellschaft.

Spaniel Club der Schweiz.

Deutschland:

Verband für das Deutsche Hundewesen e.V. (VDH)

Jagdspaniel-Klub e. V.
Spaniel-Klub Deutschland e. V.
Verein Jagdgebrauchsspaniel e. V.
Cocker Club Deutschland e. V.
Österreich:
Österreichischer Kynologenverband
Österreichischer Jagdspaniel-Klub

Schönheitslinien contra Arbeitslinien

Früher, vor dem Ersten Weltkrieg und später, in den »Goldenen Jahren«, so nennt man in den Jagdhundekreisen in England die Zeit zwischen den beiden Weltkriegen, arbeitete man mit jedem Spaniel. Es war normal, daß der gleiche Hund an einem Tag an der Jagdprüfung oder als Begleiter des Jägers bei der Jagd teilnahm, und am nächsten Tag auf einer Ausstellung gemeldet war und ohne weiteres in der Lage war, beide zu gewinnen.

Daher war es wichtig, daß in der Zucht dem Aussehen, wie den Arbeitsanlagen, gleichviel Gewicht beigemessen wurde, um diesen hohen Anforderungen zu genügen. Durch den Aufschwung, den die Rassen nach dem Zweiten Weltkrieg nahmen, gab es eine Teilung der Interessen. Viele Züchter interessierten sich nur noch für das Ausstellungswesen, andere nur noch für die Arbeitsseite. Das hatte zur Folge, daß wir heute vor allem in England in den sogenannten »Schönheitslinien« gerade beim »English Springer Spaniel« zu schwere, zu massige Hunde, mit atypischen Köpfen vorfinden, die von der Statur her gesehen, nicht mehr in der Lage sind, im Jagdgebrauch zu genügen. Auf der anderen Seite finden wir hochgezüchtete Arbeitsmaschinen, sehr leichte, auf Schnelligkeit und Wendigkeit gebaute Hunde, die nur noch im entferntesten im Aussehen und Wesen mit dem ursprünglichen Spaniel übereinstimmen. Dieser Prozeß der Entwicklung zweier Extreme hat auch in anderen Rassen stattgefunden. Mit dem Ausbruch des Zweiten Weltkrieges und den entbehrungsreichen Nachkriegsjahren verschwanden leider viele Zwinger, und viel wertvolles Zuchtmaterial ging für immer verloren. In dieser Zeit entstand eine neue Generation Züchter, der sogenannte »Ein-Hund-Besitzer« und »Stadtbewohner«, der wenig, oder keine Beziehung zur Jagd und ihren Begleiterscheinungen hatte, ideale Voraussetzungen für große Zuchtsünden waren gegeben. Den wenigen Züchtern, die in diesen schwierigen Zeiten mit großen Anstrengungen und viel »Goodwill« durchhielten, ist es zu verdanken, daß die Spaniel als »Dualpurpose«, d. h. gleichwertig in Schönheit und Arbeit, in ihrer ursprünglichen Form erhalten blieben und sich bis zum heutigen Tag einer enormen Popularität, als Jagdbegleiter und Familienhund, erfreuen.

Die Tendenz zum »Spezialisieren« gibt es auch bei uns. Erfreulicherweise haben die Spezial Clubs in den drei Ländern keine Anstrengungen gescheut, um das »Dualpurpose« zu erhalten, in dem sie das Zuchtgeschehen mit Hilfe von vernünftigen Zuchtreglementen überwachen.

Eine Gruppe »Mansergh« Working Cocker Spaniels (Arbeitslinie) des Vaters von Anne Roslin-Williams.
Photo: Anne Roslin-Williams

Eine Gruppe englischer Show-Cockers
Photo: Anne Roslin-Williams

F.T.Ch. Crowhill Raffles, Ein Englisch-Springer Arbeitschampion.   Photo: Anne Roslin-Williams

Englisch Springer Ausstellungschampion Sh. Ch. Mompesson Sweeping Partner.   Photo: Anne Roslin-Williams

Die Auswahl des Züchters

Der Züchter ist Mitglied eines Spezial-Clubs, der dem Landesverband angeschlossen ist. Sein Zwingername ist geschützt, und seine Welpen werden in das dafür zuständige Stammbuch eingetragen und erhalten einen offiziellen Stammbaum. Dies allein macht aber nicht den guten Züchter aus. Sein Ziel ist, die guten Eigenschaften des Spaniels zu erhalten, und er wird entsprechend die zukünftigen Besitzer seiner Welpen informieren. Ein guter Züchter wird sich Zeit nehmen, um alle Fragen zu beantworten. Er zeigt bereitwillig die notwendigen Zuchtdokumente wie Ahnentafeln, Körscheine und je nach Land, Hüftgelenks-Atteste und Zeugnisse über Augenkontrollen. Er erklärt die rassespezifisch wichtigen Punkte, auch die negativen, die bei der Zucht eine wichtige Rolle spielen. Er wird dem Interessenten auch bereitwillig zeigen, wie und wo seine Welpen artgerecht aufgezogen und gefördert werden. Hier ist zu beobachten, daß Welpen, in deren Umfeld viel menschlicher Betrieb ist, sicher besser für das Leben vorbereitet sind als solche, die in einem abgelegenen Zwinger ohne viel menschliche Kontakte aufwachsen. Der zukünftige Besitzer kann sich ein objektives Bild über den allgemeinen Zustand der Zuchttiere machen. Er bekommt Einblick ins Zuchtprogramm und wird über die Zeitabstände der Würfe der einzelnen Hündinnen orientiert. Wenn er Glück hat, sind auch die ehemaligen Zuchthündinnen zugegen, deren Zustand sehr aussagekräftig sein kann, und er wird von der »Liebe zur Kreatur«, die den guten Züchter auszeichnet, etwas zu spüren bekommen.

Vor der endgültigen Entscheidung ist zu bedenken, daß man die nächsten zehn und mehr Jahre mit diesem Züchter Kontakt haben wird. Nur wenn das gegenseitige Vertrauen da ist, soll der Kauf eines Welpen erwogen werden.

Es ist wichtig, daß der Züchter vom zukünftigen Spanielbesitzer informiert wird, zu welchem Zweck er seinen Hund kauft. Gibt es einen Familienhund ohne besondere Aufgaben, gibt es einen Jagdbegleiter, gibt es einen Sport- und Diensthund, gibt es einen Zucht- und Ausstellungshund? Solche Abklärungen erleichtern die Auswahl des Welpen.

Die Auswahl des Welpen

Nachdem man seinen Züchter gefunden hat und ein Wurf gesunder Welpen vorhanden ist, geht es an die Auswahl des Welpen. Dabei entsteht beim ersten Besuch des Wurfes sehr oft die »Liebe auf den ersten Blick«. Ihr wird oft viel zu viel Bedeutung beigemessen, denn jeder Welpe hat seine Tagesform, seine Stundenform. Es ist daher durchaus möglich, daß der frechste, lustigste Welpe, eben die »Liebe auf den ersten Blick«, sich beim nächsten Besuch apathisch und faul zeigt. Jetzt ist es wichtig, daß der Züchter beratend einwirken kann, denn nur er kennt jeden Welpen mit seinem individuellen Verhalten. Spätestens jetzt wird bestätigt, ob die richtige Zuchtstelle gewählt wurde, denn nur der aufmerksame Züchter ist in der Lage, über die Anlagen jedes einzelnen Welpen Auskunft zu geben, denn er verbringt doch sehr viel Zeit mit ihnen. Daher ist es oft besser, zusammen mit dem Züchter seinen Welpen auszusuchen, denn er kennt ja aus Vorgesprächen mit dem Käufer dessen Verhältnisse und Absichten. Während der Auswahlphase und auch nach der Entscheidung ist es empfehlenswert, den Wurf öfters zu besuchen. Herr (oder Frau) und Hund kennen sich dann schon ein wenig, wenn der große Tag des Abholens gekommen ist.

Der »Nimm-mich-mit-Blick«
Photo: Milko van Rijn

Teil V

Vom Welpen bis zum alten Hund

Der Welpe

Ein Spaniel-Welpe ist bei der Geburt je nach Rasse, 200–400 g schwer. Während der ersten zwei Wochen brauchen die Welpen Ruhe, viel Schlaf und Nestwärme. Sie werden von ihrer Mutter ernährt und gepflegt. Die Ausscheidung von Harn und Kot funktioniert nicht selbständig und muß von der Mutter durch Schlecken animiert werden. Die Augen sind noch verschlossen. Die Welpen können noch nicht gehen, sondern bewegen sich robbenartig vorwärts. Sie werden aber mit jedem Tag kräftiger, und bald zeigen sich Ansätze eines noch unsicheren Ganges. Nach ungefähr zwei Wochen öffnen sich die Augen und die nähere Umgebung wird wahrgenommen.

Für den Züchter ist dieser Moment, wo die Welpen mit ihm Kontakt aufnehmen, einer der beglückendsten im Züchteralltag. Nun wird es spannend in der Wurfkiste. Mit der dritten Lebenswoche brechen die spitzen Milchzähne durch. Für den Züchter ist die Zeit der Zufütterung gekommen. Mit vier Wochen sind die Welpen schon sehr aktiv. Die Wurfkiste wird zu klein. Spielen, schlafen und bei der Mutter trinken lösen sich in rascher Folge ab. Mit sechs Wochen sind die Welpen an das Fremdfutter gewöhnt. Sie bewegen sich jetzt im Auslauf und bekommen vier Mahlzeiten. Ausruhen, schlafen, spielen und kämpfen, wodurch unter anderem auch die Beißhemmung entwickelt wird, bestimmen den Tagesablauf. Die bis dahin pflegende Mutterhündin wird nun zur Erzieherin. Damit leistet sie einen wesentlichen Beitrag zur Sozialisierung der Welpen. Der Züchter seinerseits unterstützt die Hündin, sorgt für viel Abwechslung und Besuch im Welpengehege und konfrontiert die Welpen mit Alltagsbegebenheiten. In der achten Woche werden die Welpen zum ersten Mal geimpft. Zwischen der zehnten und der zwölften Woche verläßt der Welpe seine Wurfgeschwister und wächst bei seinem neuen Besitzer langsam zum jungen Hund heran.

Vom Welpen bis zum alten Hund
Photos: T. Schmid, U. Müller, Milko van Rijn, J. Maillard

Allerlei Wissenswertes
bevor ein Welpe ins Haus kommt

Normalerweise kommt ein Welpe im Alter von zehn bis zwölf Wochen ins Haus. Bis zu diesem Zeitpunkt war er Tag und Nacht mit seinen Wurfgeschwistern zusammen. Er fühlte sich geborgen und hatte jederzeit Kontakt mit Artgenossen.

Nun wird er aus der gewohnten Umgebung recht abrupt herausgenommen. Er wird sich sehr alleine vorkommen und braucht nun von seiner Ersatzmeute, den Menschen, Zuwendung und Geborgenheit. In diesem Alter ist er sehr neugierig und lernbereit. Dies kann der Hundebesitzer für sich nutzen, in dem er Konsequenz, Zuneigung und viel Zeit als Schlüssel zum Erfolg einsetzt.

Faktor Zeit
Für die ersten drei Wochen mit dem neuen Hausgenossen ist es ratsam, keine wichtigen Termine zu vereinbaren, da der Tagesablauf mehr oder weniger durch den Welpen bestimmt sein wird.

Rollenverteilung innerhalb der Familie
Um dem Welpen das Einleben in die neue Umgebung zu erleichtern, ist es wichtig, daß die ganze Familie am gleichen Strick zieht und die Rollen verteilt sind, bevor der Welpe beim Züchter abgeholt wird.

Haftpflichtversicherung
Diese sollte mögliche Schäden für eine Million Franken decken.

Halsband und Leine
Das erste Halsband hat, je nach Rasse, eine Länge von 40 bis 50 cm. Lederleinen sind praktische Kauobjekte. Für die ersten Wochen gibt es leichte Kettenleinen mit einem Ledergriff.

Impfungen
Frühestens mit acht Wochen wurde der Welpe als erstes gegen Staupe, Hepatitis und Leptospirose (SHL) geimpft. Die zweite SHL-Impfung erfolgte zwei bis vier Wochen später. Diese Impfung muß jährlich wiederholt werden. Parvovirose kann ab der sechzehnten Lebenswoche geimpft und muß jährlich wiederholt werden. Gegen Tollwut wird nicht vor dem fünften Lebensmonat geimpft und wird alle zwei Jahre wiederholt. Bei Reisen ins Ausland darf die letzte Tollwutimpfung nicht älter als ein Jahr sein.

Entwurmen
Normalerweise wird ein Welpe beim Züchter bis zur ersten Impfung regelmäßig entwurmt. In der Regel wird vor jeder Impfung entwurmt, da der Impfschutz bei einem mit Parasiten befallenen Hund recht schlecht sein kann. Eine Kotuntersuchung kann – sofern das Resultat negativ ist – eine den Hund unnötig belastende Wurmkur überflüssig machen.

Stubenreinheit, Versäubern
Man kann zur Regel nehmen, daß ein Welpe nach dem Füttern, während und nach dem Spielen und nach dem Aufwachen Harn (und) Kot absetzen muß. Er bekommt noch drei bis vier Mahlzeiten, entsprechend wird er auch so oft Kot absetzen. In den ersten Tagen empfiehlt es sich, den Welpen, wenn er wach und

aktiv ist, alle dreißig Minuten durch immer dieselbe Türe auf seinen Versäuberungsplatz zu tragen und dort so lange zu warten, bis der gewünschte Erfolg da ist. Während des ganzen Ablaufes des wichtigen Geschäftes lobt man den Welpen immer mit den gleichen Worten. Sehr schnell wird er das Hörzeichen mit seiner Handlung verknüpfen. Wenn man den Welpen gut beobachtet, merkt man bald einmal seinen Versäuberungsrhythmus, und man kann die Abstände zwischen den Versäuberungsversuchen vergrößern. Wenn trotz aller Vorsicht ein Mißgeschick passiert, trägt man den Welpen sofort auf den Versäuberungsplatz, obwohl er sein Geschäft schon verrichtet hat. Die Folgen des »Unglücks« beseitigt man, ohne den Hund auszuschelten. Die veraltete Methode, seine Schnauze in den Kot oder Urin zu stecken, ist brutal und kontraproduktiv. Eine gute Hilfe in den ersten Tagen ist ein Wecker; durch die Tagesroutine vergißt man oft, daß wieder ein Geschäft fällig ist.

Treppenlaufen

Der Spaniel hat je nach Schlag einen mittelstarken Knochenbau. Treppen hochgehen ist für ihn grundsätzlich gut und stärkt die Rückenmuskulatur. Treppen, steile Abhänge und ähnliches hinunter springen ist für den Welpen tabu. Sein Skelett ist noch viel zu weich für solche Strapazen. Der Hund bewältigt den Wachstumsprozeß, für den der Mensch achtzehn Jahre zur Verfügung hat, in knapp ein bis zwei Jahren.

Während der Zeit des intensiven Wachstums sind Treppen am besten durch Absperrvorrichtungen zu verschließen, und der Welpe wird getragen. Wenn er zu schwer wird, führt man ihn an der Leine hinunter.

Spaziergänge

Mit dem Welpen macht man mehrere kurze Spaziergänge über den Tag verteilt und nimmt Rücksicht auf seine noch weichen Knochen.

Spielen mit andern Hunden

Um das Sozialverhalten weiter zu entwickeln, braucht jeder Hund Kontakte mit Artgenossen und soll spielen dürfen. Man berücksichtigt dabei das Größenverhältnis zum jeweiligen Spielpartner und unterbricht das Spiel nach einigen Minuten, gibt aber dem Welpen öfters dazu Gelegenheit.

Ruhe

Ein zehnwöchiger Welpe braucht noch fünfzehn oder mehr Stunden Schlaf. Diese Ruhepausen sind von der ganzen Familie zu respektieren. Sie sind wichtig für eine gesunde Entwicklung.

Schlafplatz

Als Meutetier will der Spaniel in der Nähe seiner Ersatzmeute sein. Sein Ruheplatz soll ruhig und zugfrei gelegen sein, aber so plaziert, daß er das Familiengeschehen überblicken kann. Sehr oft sucht sich der Hund seinen Platz selber aus. Weidekörbe werden in der Regel nicht alt, da in diesem Alter alles benagt wird.

Es empfiehlt sich, damit zu warten, bis zumindest der Zahnwechsel vorbei ist. Für die erste Zeit eignet sich eine der Größe des Welpen entsprechende Kartonschachtel oder Holzkiste.

Im Fachhandel werden praktische Boxen, sogenannte Vari-Kennel angeboten. Sie sind als Schlafplatz im Hause und zum transportieren im Auto eine praktische Hilfe.

Fütterung

Trinkwasser muß mindestens während des Tages bereit stehen. Als Behälter hat sich ein solides Steingutgefäß bewährt, da es nicht bei der minimalsten Berührung umkippt und schlecht herumgetragen werden kann. Plastikgeschirr wird sehr oft angefressen und könnte gesundheitsschädigend sein. Ein pflegeleichter Freßnapf ist aus Chromstahl. Die Mahlzeiten sollen nach Möglichkeit zur gleichen Zeit verabreicht werden. Der Hund braucht einen geregelten Tagesablauf; dem Halter erleichtert es die Erziehung besonders in bezug auf Stubenreinheit. Normalerweise gibt der Züchter bei der Abgabe der Welpen einen Futterplan mit, der zu befolgen ist, trotz gutgemeinter Ratschläge anderer Hundebesitzer, die alle überzeugt sind, daß nur »ihr Futter« gut ist. Beim Futtervorrat ist zu beachten, daß Getreideflocken nicht länger als drei Monate zu lagern sind.

Bringtrieb

Jeder Spaniel hat diesen Trieb mehr oder weniger ausgeprägt und wird alles, Kinderspielsachen, Schuhe und Kleidungsstücke, aber auch Unappetitliches, aufnehmen und bringen. Strafen wäre grundfalsch, denn er führt ja nur eine Triebhandlung durch, die grundsätzlich gefördert sein will.

Stöber- und Spürtrieb

Man darf nie vergessen, daß alle Rassevarietäten beim Spaniel Jagdhunde sind; ihre Stärke auf jagdlichem Gebiet ist eindeutig das Stöbern. Somit wird auch der Nur-Familienhund diese Anlagen mitbringen, die man ihm nicht einfach »abgewöhnen« und »abstellen« kann. Der Spanielbesitzer wird diesem Trieb Rechnung tragen und seinen Hund in Wald und Feld gut im Auge behalten müssen.

Wasserfreude

Wasser in jeder Form übt eine unwiderstehliche Anziehungskraft aus. Schwimmen ist für ihn etwas Schönes – manchmal auch im Winter. Grundsätzlich ist ein Bad auch bei kühler Witterung unschädlich, denn der Spaniel hat ein wetterresistentes und, je nach Rasse, ein wasserabstoßendes Fell. Wichtig ist nur, daß er genügend Gelegenheit hat, sich zu trocknen und sich zu bewegen, um sich warm zu halten. Einen nassen Hund in Zugwind oder Kälte angebunden zu lassen, kann für ihn fatale Folgen haben.

Abholen beim Züchter

Bevor man die Fahrt antritt ist es ratsam, nochmals zu überprüfen, ob wirklich alle Vorbereitungen für den neuen Hausgenossen getroffen wurden. Um sich und dem Welpen eine angenehme Heimfahrt zu ermöglichen, nimmt man am besten eine Begleitperson mit, die den Welpen auf dem Rücksitz betreut und ihm Geborgenheit vermittelt. Der Spaniel hat normalerweise keine Probleme mit dem Schlechtwerden. Eine Decke und Frottiertücher sind aber für jeden Fall mitzunehmen. Es ist zu beachten, daß der Welpe kurz vor der Fahrt nicht gefressen hat. Wenn er während der Fahrt ruhig und entspannt bleibt, ist es nicht nötig, diese zu unterbrechen. Sollte er aber anfangen, oft zu gähnen oder zu speicheln, empfiehlt es sich, anzuhalten und den kleinen Kerl in einem Wald oder auf einer

Wiese, fern vom Straßenverkehr, durch Spielen abzulenken und müde zu machen, um dann die Fahrt fortzusetzen. Damit kann einem eventuellen Erbrechen und Schwierigkeiten für zukünftige Autofahrten vorgebeugt werden. Ist die erste Autofahrt für den Welpen eine angenehme Erinnerung, wird er auch in Zukunft gerne ins Auto steigen. Mit dieser Fahrt beginnt das Leben mit einer jungen, neugierigen, noch unerfahrenen Kreatur. Nun liegt es am neuen Besitzer, den Tenor für ein gutes, erfülltes, jahrelanges Miteinander zu finden.

Der erste Tag

Nach der Ankunft zu Hause bringt man den Welpen zuerst auf seinen vorgesehenen Versäuberungsplatz, bevor man ihn ins Haus nimmt. Je nach Situation läßt man ihn angeleint oder unangeleint so lange schnüffeln, bis er sich ohne Beeinflussung des Besitzers entleert. Während der ganzen Entleerungsphase wird der Welpe mit einschmeichelnder Stimme gelobt. Spätestens hier kommen die Faktoren Zeit und Konsequenz, der Schlüssel zur erfolgreichen Hundeerziehung, zum Zuge. Nun kann der Welpe ins Haus gebracht werden. Dabei ist es wichtig, daß er von den übrigen Familienmitgliedern dosiert empfangen wird. Verwandtenbesuche werden auf die nächste Woche vertröstet. In der Wohnung braucht er viel Zeit, um sich umzusehen und all die neuen Gerüche kennen zu lernen, von denen er buchstäblich überfallen wird. Nach einer Weile kann man ihm die erste Mahlzeit am vorgesehenen Freßplatz verabreichen. Unmittelbar

nach dem Fressen wird der Welpe wieder ins Freie getragen, damit er sich versäubern kann. Wieder im Haus wird der Kleine weiter auf Entdeckungsreise gehen oder spielen, um dann gelegentlich einen ihm genehmen Ruheplatz aufzusuchen. Nach dem Erwachen wird er sich wieder versäubern müssen. Ein Wekker hilft, sich daran zu erinnern. Die Türen jener Räume, zu welchen der Welpe keinen Zutritt hat, sind geschlossen.

Die ersten Nächte

Die sanfteste Methode, um dem Welpen nachts die nötige Geborgenheit zu vermitteln, die er bis dahin durch seine Geschwister hatte, ist sicher die, das Lager des Welpen neben dem Bett zu installieren, oder ein Bett neben dem Lager des Welpen aufzustellen. Wenn der Welpe unruhig wird, genügen oft einige Streicheleinheiten, um ihn zu beruhigen. So merkt man auch rasch, ob sich der Welpe entleeren muß und kann diesen schnell ins Freie tragen. In der kalten Jahreszeit zieht sich der Besitzer genügend warm an, um dem Kleinen genügend Zeit zu lassen, sich zu versäubern – so trägt er Wesentliches zum schnelleren Erreichen der Stubenreinheit bei. Die allgemeinen Befürchtungen, so hätte man dann ein Hundeleben lang seinen Spaniel im Schlafzimmer, können Tausende von Hundebesitzern, die diese Methode auch anwandten, entkräften.

Der Welpe lernt auf diese Weise, allein in seinem Bett zu schlafen, hat aber die Gewißheit, nicht allein zu sein. Er begreift schnell; und nach einigen Nächten kann man das Hundelager meterweise vom Bett entfernen, bis es schließlich am definitiven Schlafort landet. Die »Willenbrecher-Methoden«, den Welpen irgendwo allein zu lassen, sind erfreulicherweise überholt – wer es trotzdem versucht, wird früher oder später vor dem Heulkonzert oder benagten Gegenständen kapitulieren. Daß er dabei auch einen Minuspunkt in Sachen Hundeerziehung einkassierte, merkt er möglicherweise erst viel später. Der Welpe hingegen hat sofort kapiert.

Die ersten drei Wochen

Nach ein paar Tagen Eingewöhnungszeit kann die beim Einzug des Welpen angewand-te Haus- und Gartenquarantäne aufgelockert, die ersten Spaziergänge können unternommen werden. Mit einem Halsband und den ersten Gehversuchen an der Leine hat man schon in der Wohnung angefangen. Man beginnt mit kleinen Quartierrunden von wenigen hundert Metern zwei-, dreimal über den Tag verteilt. Gewaltmärsche sind wegen der noch zu weichen Knochen und der schnellen Ermüdbarkeit tabu.

Der Welpe lernt bei dieser Gelegenheit auch Artgenossen kennen, damit er sein im Wurf angelerntes Sozialverhalten weiter entwickeln kann. Er muß mit anderen Hunden spielen können, doch ist es ratsam, das Spiel gelegentlich abzubrechen. Wie beim Spaziergang gilt: öfter, aber kurz ist weit besser als selten, dafür lang.

Mit der Wohnung ist er inzwischen auch vertraut geworden und ist täglich für neue Taten bereit. Aus dem Welpen entwickelt sich langsam ein junger Hund. Seine Neugierde ist grenzenlos. Da er keine Hände zum Anfassen hat, benutzt er seinen mit spitzen, perforierzangenähnlichen Zähnen ausgestatteten Fang. Stuhlbeine, Teppichfransen und elektrische Kabel sind bevorzugte Kauobjekte. Sobald sich der Welpe an solchen Sachen zu schaffen macht, greift man mit einem deutlich gesprochenen »Nein« ein und offeriert ein hundegerechtes Spielzeug oder einen Büffellederknochen. Wichtig ist, daß man sofort, während der Hund handelt, eingreift. Sekunden oder gar Minuten später erfolgte Maßregelungen begreift der Hund nicht mehr, da er nicht begrifflich denken kann und daher die Strafe – das scharfe »Nein« wird für ihn zur Strafe – nicht mehr mit dem verknüpft, was vorher passiert ist.

Springerwelpe nach einigen Wochen beim neuen Besitzer: »Es geht uns gut.« Photo: Milko van Rijn

Der Junghund

Zwischen dem vierten und achten Lebensmonat ist der Spaniel in der Phase des intensivsten Wachsens. Der Volksmund sagt zu recht: »Er wächst wie ein junger Hund.« Seine Neugierde, Aufmerksamkeit und seine Lernbereitschaft sind – sofern er bis dahin seinen Eigenschaften entsprechend gehalten und behandelt wurde –, immer noch sehr groß. Der Zeitpunkt für seine sogenannte Grunderziehung ist gekommen, wobei die Erziehung bereits in der ersten Minute begonnen hat. Wie beim Spiel oder Spaziergang darf man nicht vergessen, daß er noch sehr schnell ermüdet. Wegen seiner Begeisterungsfähigkeit und seinem Willen zu gefallen, ist es oft für den unerfahrenen Besitzer schwierig zu erkennen, wann dieser Zustand eintritt. Überforderungen sind zu vermeiden, sie wirken sich in der Regel negativ auf den Spaniel und damit auf die Beziehung Spaniel – Mensch aus. Auch bei der Erziehung – und vor allem hier – gilt die Regel, daß kürzere Lektionen, aus wenigen Minuten bestehend, aber über den Tag verteilt, weit mehr bringen, als Monsterlektionen; vor allem, wenn diese noch mit Drill verbunden sind. Drill ist ohnehin ein Ausdruck von Schwäche, indem Widerfahrenes am noch Schwächeren, dem Hund, abreagiert wird. Der Junghund benötigt genügend Erholungspausen.

Je nach Rassevariante und Zuchtlinie kennt man beim Spaniel schnellere und langsamere Entwickler. Die Pubertät kann ab dem sechsten, aber auch erst nach dem zwölften Lebensmonat (z.B. Läufigkeit der Hündin) oder noch später eintreten. Es ist ein langwieriger Prozeß, der den Hund sehr belasten kann,

Der Grundstein für das »Gute Einvernehmen für viele Jahre« wurde gelegt. Photo: U. Müller

den er aber unbedingt zum Erwachsenwerden und zur Festigung seines Wesens durchmachen muß. Dazu braucht die Hündin die ersten zwei bis drei Läufigkeiten. Mit achtzehn bis vierundzwanzig Monaten sind Hündin und Rüde ausgewachsen. An eine Kastration sollte eigentlich nur gedacht werden, wenn zwingende medizinische Gründe vorliegen; sie sollte nicht aus Bequemlichkeit des Besitzers gemacht werden. Die Belastung durch den Sexualtrieb und die damit verbundenen Erscheinungen sind sowohl bei der wohlerzogenen Hündin, als auch beim wohlerzogenen Rüden, gering. Während der Pubertät kann es allerdings vorkommen, daß der schon recht gut erzogene Spaniel plötzlich nicht mehr gehorcht und ein ungewohntes Verhaltensmuster zeigt. Rigoroses Durchgreifen und Kraftakte sind jetzt falsch am Platz. Zuneigung, Verstehen, Geduld, Konsequenz und vor allem Vorausdenken – ohne ist die Konsequenz eine Illusion – bringen weiterhin die gewünschten Erfolge. Die bisherigen Erziehungsversuche sind erfolgt, indem der Hund jeweils in die entsprechende Stimmung versetzt worden ist, um das zu lernen, was man ihn lehren wollte. Durch den pubertären Prozeß ist der Junghund noch mit anderem als den Erziehungsversuchen seines Meisters belastet. Das schon Gelernte ist deswegen keinesfalls verloren. Die Sicherheit, die der Hund vor allem während der Pubertät braucht, kann ihm aber nur sein übergeordnetes Meutetier, der Besitzer, vermitteln. Der Besitzer muß aber auch wissen, daß – dies gilt vor allem bei Rüden – pubertierende Hunde durchaus in der Lage sind, die Hierarchie seiner Familie zu ändern.

Der erwachsene Hund

Mit ungefähr ein bis zwei Jahren (je nach Rasse) ist der Spaniel ausgewachsen und sein Skelett genügend gefestigt. Er ist physisch und psychisch voll belastbar. Diese Zeit heißt es zu nutzen und zu genießen, denn schon nach sieben, acht Jahren hat er den Zenit seines Daseins überschritten.

Der alte Hund

Nach zehn Jahren ist jeder Tag im Leben eines Hundes ein Geschenk. In diesem Alter ist es normal, daß Sehkraft und Gehör nachlassen. Oft hat der alte Hund Mühe beim Aufstehen; die Wirbelsäule und der Bewegungsapparat zeigen Abnutzungserscheinungen. Der alte Hund bewegt sich langsamer und ist nicht mehr so unternehmungsfreudig und wird vielleicht eigenwillig. Er ist mehr und mehr auf das Verständnis des Menschen angewiesen. Wenn die Altersbeschwerden schlimmer werden, liegt es am Besitzer, seinem treuen Begleiter große Schmerzen zu ersparen. Er soll seinen Hund den letzten Weg in Würde gehen lassen und begleitet ihn zum Tierarzt. Der Mensch schuldet dem Hund diesen Dienst und soll nicht aus purem Egoismus Lebensverlängerungsmaßnahmen ergreifen, die einen qualvollen Leidensweg nur verlängern.

Teil VI

Ernährung, Pflege, Krankheiten

Ein gesunder Spaniel hat ein glänzendes Fell, einen klaren Blick, ist aufmerksam und lebhaft, aber nicht nervös. Das beste Rezept für einen gesunden Hund ist:
Genügend Bewegung und Beschäftigung, die Betreuung durch einen ausgeglichenen Besitzer und eine artgerechte Ernährung.

Ernährung

Beim normal, richtig ernährten Spaniel sollen die Rippen nicht hervortreten, aber auch nicht von einer Fettschicht überlagert sein. Die Einbuchtung in der Lendengegend ist gut sichtbar. Ein gesunder Spaniel ist lebhaft, sein Fell glänzt, und in der Bewegung ist das Muskelspiel gut zu sehen. Der Kotabsatz darf dem Hund keine Mühe bereiten. Zu harter oder zu dünner Kot können auf einer Fehlernährung basieren.

Beim Hund geht die Liebe auch durch den Magen; Fressen gehört zu seinen liebsten Beschäftigungen. Zudem ist er ein guter Futterverwerter. Die Freßportionen müssen seinem Alter, seiner Leistung jeglicher Art und seiner Neigung zur Fettleibigkeit angepaßt werden und sind somit von Hund zu Hund recht verschieden. Ein gesunder, leistungsfähiger Hund ist dann richtig ernährt, wenn sein Gewicht konstant bleibt.

Die *Bestandteile* der Hundenahrung sind:
- *verdauliche Kohlehydrate* = Getreide, Kartoffeln, Teigwaren,
- *unverdauliche Kohlehydrate* = Cellulose (Ballaststoffe),
- *Eiweiße* = Fleisch, Milch, Soja,
- *Fette und Öle* = Butter, tierisches Fett, pflanzliche Fette und Öle,
- *Mineralstoffe* = Kalzium, Phosphor, Natrium, Magnesium, Kalium,
- *Spurenelemente* = Kupfer, Eisen, Jod,
- *Vitamine* = in Gemüse und Früchten.

Der Hund wird nach Möglichkeit immer zur gleichen Zeit gefüttert. Eine angemessene Verdauungspause ist angebracht.

Trinkwasser steht mindestens während des Tages bereit.

Süßigkeiten, Zwischenmahlzeiten und kleine Häppchen vom Familientisch sind tabu.

Jeder Hund gewöhnt sich rasch an die Fütterungszeiten. Wenn diese Zeiten eingehalten werden, wird sein Appetit gezügelt, und es wird viel einfacher, ihn nicht zu überfüttern.

Für die Ernährung des Welpen und Junghundes hält man sich mit Vorteil an den Futterplan des Züchters. In der Regel bekommt der junge Spaniel drei bis vier Mahlzeiten, die nach Möglichkeit zu den gleichen Zeiten verabreicht werden. Wenn er seinen größten Wachstumsschub hinter sich hat, d.h. nach

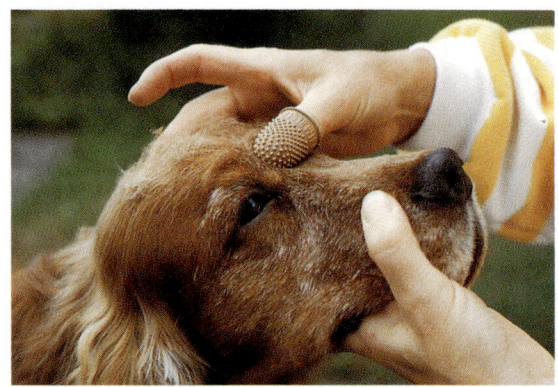

acht bis neun Monaten, genügt bei den kleineren Rassen eine Mahlzeit. Der Hund fühlt sich mit einem überfüllten Magen nicht wohl. Daher wird der Hund erst nach dem Spaziergang oder einer sportlichen Leistung gefüttert. Magenverdrehungen entstehen nur bei übervollem Magen, oder wenn der Hund nach der Futteraufnahme nicht in Ruhe verdauen kann, oder wenn verdorbenes, oder gärendes Futter verabreicht wird. Bei Fütterungsversuchen zeigte sich, daß Hunde, denen man Futter zur freien Verfügung vorsetzte, ihre Futteraufnahme auf über zwanzig Mahlzeiten aufteilten.

Die heutige Futtermittelindustrie bietet eine Vielfalt von hochwertigen Produkten an:

Das Fertigfutter (Vollfutter) enthält alles Lebensnotwendige und soll nicht noch durch Fleisch und andere Zusätze angereichert werden.

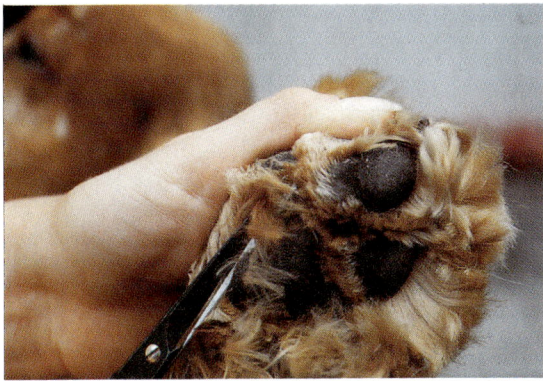

Pfoten: Die zu langen Haare zwischen den Ballen werden weggeschnitten.

Fellpflege VORHER
Bevor man mit der Detailhaarpflege beginnt, wird der Spaniel sorgfältig entfilzt und in hartnäckigen Fällen schonend gebadet.

Das abgestorbene Haar wird mit dem Gummifinger herausgestrichen. Überflüssige und festsitzende zu lange Haare werden von Hand gezupft. Diese Prozedur ist für den Hund nicht schmerzhaft, wenn es fachmännisch gemacht wird. Die überflüssigen oder zu langen Haare auf dem Oberkopf werden von Hand herausgezupft.

Die langen Haare unter den Behängen werden ausgedünnt (effiliert) und nicht geschoren.

Die zu langen Haare unter den Ohren und der Kehle werden bis zum Brustbein effiliert.

Rücken: Die toten Haare werden mittels Gummistriegel entfernt, überflüssige, festsitzende Haare werden von Hand ausgezupft.

Die Haare an der Rute werden in Form geschnitten.

Das überflüssige Haar rund um die Pfoten wird entfernt, damit die nach dem Standard gegebene Katzenform deutlich sichtbar wird.

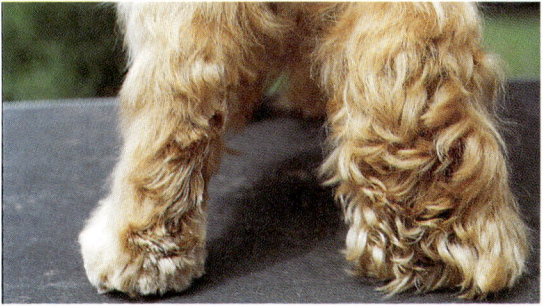

Die Hinterläufe werden mit der Effilierschere sauber geputzt, überflüssige Befederung wird entfernt.

Beim Einzelfutter, das aus Getreideflocken, Reis, Teigwaren, Fleisch, Fisch, Milch, Honig, Eiern, Gemüse und Früchten bestehen kann, und individuell und ausgewogen vom Besitzer zusammengestellt wird, ist der tägliche Bedarf des Hundes gedeckt; und es besteht auch bei dieser Art von Fütterung kein Grund, Vitamine und andere Zusätze beizufügen.

Grundsätzlich ist jede Art von Fütterung gut, solange es dem Hund schmeckt, er ein glänzendes Haarkleid trägt und bewegungsfreudig, aber nicht fettleibig ist.

In der heutigen Zeit gehören Mangelerscheinungen zu den Seltenheiten. Überernährungen kommen oft vor und sind in qualitativer und quantitativer Hinsicht Ursache von Fehlentwicklungen. Beispielsweise kann sich eine übermäßige Fütterung von Fleisch nachteilig auf die Entwicklung der Knochen – vor allem der Röhrenknochen – auswirken, wenn nicht der mit dem Fleisch aufgenommene zu hohe Phosphorwert durch Kalziumgaben kompensiert wird. Meint man es aber zu gut, und gibt neben dem Kalzium noch Vitamin D, kann es zu fehlerhaften Verkalkungen nicht nur am Skelett, sondern z.B. auch in den Gefäßwänden kommen. Vitamin D ist meistens überflüssig, denn ein normal gehaltener Hund, der genügend Tageslicht bekommt, ist durchaus in der Lage, selbst Vitamin D für seinen Bedarf zu produzieren.

Pflege

Haarkleid

Das lange, seidige Haar des Spaniels braucht eine regelmäßige Pflege, indem es gekämmt, gebürstet, gestrippt und getrimmt wird. Das ist für das Wohlbefinden des Hundes wichtig. Auch das ästhetische Empfinden des Menschen soll berücksichtigt werden: ein zurechtgemachter, gut gepflegter Spaniel ist eine Augenweide. Ein verfilzter, ungepflegter Spaniel ist zu bedauern und seinem Besitzer kann in Sachen Hundehaltung kein gutes Zeugnis ausgestellt werden.

Für die Fellpflege benötigt man einen feingezahnten Metallkamm, Bürsten, Trimm-Messer (nur für kundige Hände), zwei verschiedene Scheren, einen Gummistriegel und einen Gummifinger. Das tönt auf Anhieb für den Laien recht aufwendig und kompliziert, ist es aber nicht, wenn man sich beraten, und sukzessive in die Pflege des Spaniels hinein versetzen läßt. Dies kann einem nur der geübte und erfahrene Züchter vermitteln, denn er kennt die Rasse, hat viel Erfahrung und gibt sein Wissen gerne weiter. Er wird auch den Zeitpunkt bestimmen, wann und an welcher Stelle erstmals getrimmt wird. Vielfach wird von unkundiger Seite schon am Welpenhaar herummanipuliert; eine meist nicht wiedergutzumachende Sünde, denn das endgültige Haarkleid könnte für immer ruiniert werden. Auch hier gilt, wie bei der Ernährungsfrage, sich nicht durch die wohlgemeinten Ratschläge der anderen Hundebesitzer verunsichern zu lassen, sondern man tut gut daran, sich an den erfahrenen Züchter oder Spezialisten zu halten.

In der Regel wird das Haarkleid des Spaniels zwei Mal pro Woche gründlich gepflegt; während des Haarwechsels entsprechend mehr. Ein Pflegetisch (überall im Fachhandel erhältlich) ist sehr praktisch. Es ist wichtig, daß alle Haarknötchen mit Hilfe des Kammes gelöst werden, damit das Haar nicht verfilzt. Es sammeln sich sonst Schmutzpartikel an, welche mit der Zeit ideale Bedingungen für Parasiten und Hautprobleme schaffen. Ganz zu schweigen vom Geruch, der sich mit der Zeit bilden wird. Es muß berücksichtigt werden, daß der Spaniel ein aktiver, bewegungsfreudiger Hund ist, der sich, bedingt durch seinen ausgeprägten Stöbertrieb, in jeder Art von Gelände, durch dick und dünn bewegt, und auch nicht halt vor Pfützen, Morast und Ähnlichem macht. Er wird ja auch bei Regenwetter ins Freie geführt und wird auch keine Badegelegenheit verachten.

Der Spaniel, mit seinem wasser- und schmutzabstoßenden Haar, ist ein pflegeleichter Hund, sofern sein Fell regelmäßig zurecht gemacht wird. Meistens genügt auch nach einem Spaziergang bei nassem Wetter das Abreiben mit einem Frottiertuch. Sobald das Fell trocknet, fällt der Schmutz heraus. Jedes Schamponieren entzieht dem Fell den Talg und somit den natürlichen Schutz gegen Nässe und Kälte. Das Fell braucht dann einige Zeit, um sich zu regenerieren. Natürlich wälzt sich der Spaniel, wie jeder andere Hund auch, in »stinkenden Sachen«. Eine normale Dusche sollte genügen; noch besser, und für den Hund eine willkommene Gelegenheit, ist ein Bad in einem sauberen Bach, sofern man einen solchen findet – für den Besitzer die bequeme Art der Hundereinigung. In hartnäckigen Fällen ist eine örtliche Reinigung der stinkenden Stelle mit einem unschädlichen Seifenprodukt angebracht.

Mit dem Trimmen beginnt man, wie gesagt, nicht zu früh – es ist erst mit dem Erwachsenwerden nötig. Es sei nochmals ausdrücklich erwähnt, daß der Anfänger gut daran tut, sich von Fachleuten in die Fellpflege einführen zu lassen.

Die Bilder auf Seiten 52/53 geben einen kleinen Einblick auf die wichtigsten Punkte, die bei der Fellpflege zu beachten sind.

Krallen

Wenn der Spaniel genügend Bewegung auf weichen (Gras) und harten Unterlagen (Wald- und Feldwege und Asphalt) hat, nutzen sich die Krallen genügend ab.

Ohren

Die Behänge des Spaniels sind lang und liegen dicht am Kopf an. Es ist zur Belüftung des Ohres wichtig, daß überflüssiges Haar von Zeit zu Zeit sachkundig entfernt wird. Das äußere Ohr kann hie und da mit einem feuchten Wattebausch ausgerieben werden. Die Reinigung des Gehörganges mit Stäbchen ist unbedingt zu unterlassen, da sie zu folgenschweren Verletzungen führen kann. Kratzt sich jedoch der Hund oft an den Ohren, oder schüttelt er immer wieder den Kopf, konsultiert man den Tierarzt.

Augen

Der junge Spaniel hat unter Umständen, je nach Zuchtlinie, etwas lose Augenlider. Die Lidbindehaut, die oft gerötet ist, wird sichtbar. Dies ist aber kein krankhafter Zustand, wie oft fälschlicherweise angenommen, und mit einem Ektropium verwechselt wird. Die losen Augenlider entstehen durch die in diesem Alter zu viele Haut und normalisieren sich mit dem Erwachsenwerden. Es ist möglich, daß sich während diesen zwei bis drei Monaten Schmutzpartikel im Auge ansammeln; reinigen mit einem in Kamillentee getränkten Wattebausch hilft.

Zähne

Wenn der Hund regelmäßig z. B. ein Stück hartes Brot zum Kauen bekommt und Knochen nagen kann, werden die Zähne im allgemeinen genügend gereinigt.

Beim Tierarzt Photo: U. Ochsenbein

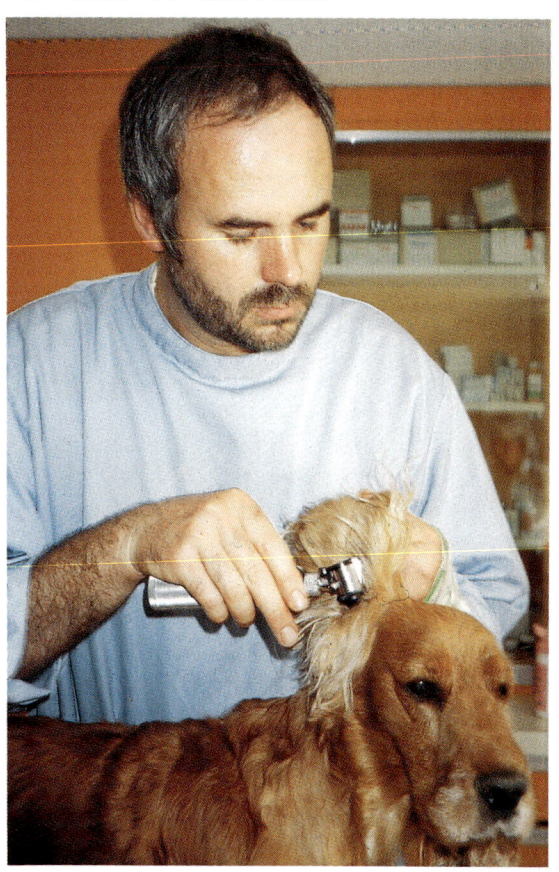

Krankheiten

Der Spaniel kann fast an allen bei Hunden vorkommenden Krankheiten leiden. Ich möchte in diesem Kapitel nur kurz auf solche Krankheiten, beziehungsweise Krankheitssymptome eingehen, mit denen der Hundebesitzer öfters konfrontiert sein kann, und auf solche, die auch vom züchterischen Standpunkt von Bedeutung sein können. Für mehr und ausführlichere Informationen verweise ich auf die Fachliteratur und den Tierarzt.

Die ersten Anzeichen einer Krankheit zu erkennen, ist eine Frage der guten Beobachtung. Wer sich jeden Tag intensiv mit seinem Hund beschäftigt, nimmt sehr schnell Veränderungen wahr, die auf eine Krankheit schließen lassen. Die Diagnose und Behandlung ist dann oft eine Angelegenheit des Tierarztes.

Fieber. Ein immer ernst zu nehmendes Symptom ist Fieber. Die Körpertemperatur eines gesunden Hundes liegt zwischen 37,5° und 38,5°. Um die Körpertemperatur seines Spaniels zu kennen, bleibt nichts anderes übrig, als sie zu messen. Dabei gilt zu berücksichtigen, daß die Körpertemperatur abends höher ist als am Morgen, und das sie beim Welpen und Junghund höher ist, als beim erwachsenen Hund. Fieberhafte Zustände können leicht an den warmen Ohren, am trockenen Nasenspiegel und am matten Ausdruck der Augen erkannt werden. Es bleibt nur noch die Höhe zu bestimmen. Die Ursachen, die zu Fieber führen, sind vielfältig. In jedem Fall ist Fieber aber auch ein Teil einer natürlichen Abwehrreaktion. Es soll und darf nicht einfach versucht werden, es zu senken. Hunde mit hohem Fieber und/oder schweren Störungen des Allgemeinbefindens benötigen die Behandlung kompetenter Fachleute.

Durchfall und Erbrechen sind Symptome, die bei schweren Infektionskrankheiten, wie Staupe, Parvovirose oder bei Vergiftungen auftreten können. Sie können aber auch Ausdruck nervöser Störungen harmloser, aber auch ernsthafter Natur, oder einfach Folge übermäßiger Nahrungsaufnahme, oder Aufnahme von unbekömmlichem Futter jeglicher Art sein.

Durchfall mit trocknenden Mitteln, wie Kohle, beheben zu wollen, ist eine kurzsichtige Maßnahme, da damit nur das Symptom und nicht die Ursache bekämpft wird. Eine erste Maßnahme bei Durchfall und Erbrechen ist, den Hund einen Tag fasten lassen. Der Verlust an Flüssigkeit kann mit Kamillen-, Salbei-, Fenchel- oder Schwarztee, mit etwas Honig gesüßt, eventuell löffelweise, ersetzt werden. Schwere Fälle erfordern eine tierärztliche Behandlung, wobei die verlorene Flüssigkeit mittels Infusion ersetzt wird. Durchfälle, selbst durch harmlose Ursachen bedingt, können, als Folge des Verlustes an Flüssigkeit und Mineralstoffen, zu schweren Störungen des Allgemeinbefindens führen.

Vermehrtes, übermäßiges Trinken könnte auf eine ernsthafte Erkrankung, z. B. Gebärmutterentzündung, Nierenerkrankungen, hinweisen, man soll nicht zu lange warten, und den Tierarzt beiziehen.

Kleine Hautverletzungen behandelt man mit einem Desinfektionsmittel, Kamillentee ist ein idealer, preisgünstiger Helfer.

Größere Verletzungen, beim Spiel mit anderen Hunden oder bei einer Rauferei erworben, können infiziert sein. Eine tierärztliche Behandlung wird unerläßlich. Verletzungen auf dem Kopf, auf dem Hals und am Rücken sind sehr ernst zu nehmen. Wird an diesen Regionen eine Wunde infiziert, kann sich die Infektion leicht in darunter liegende Gewebsschichten ausbreiten.

Insektenstiche können, falls dadurch eine massive allergische Reaktion hervorgerufen wird, unter Umständen fatale Folgen haben. Dies gilt besonders für Stiche in der Mund- und Rachengegend nach erfolgter Jagd auf Bienen oder Wespen.

Hinken beim jungen Hund
Der junge Spaniel ist sehr lebhaft und draufgängerisch, spielt viel und sieht keine Grenzen und vor allem keine Gefahren. Beim Spiel mit anderen Hunden geht es oft sehr flegelhaft und grob zu.

Hie und da wird der junge Hund auch von seinem Besitzer durch zu lange Spaziergänge überfordert. Viele Junghunde fangen im Alter von vier bis neun Monaten plötzlich zu hinken an.

Meistens sind die Vordergliedmaßen betroffen. Komplettes Ruhigstellen wäre falsch, denn die Muskulatur und die Bänder helfen stützen und gezielte Bewegung ist angebracht. Man macht kleine Spaziergänge an der Leine und streicht vorläufig die Spielstunde mit anderen Hunden.

Schmerzhemmende Mittel überdecken nur den Zustand und sollten vermieden werden. Es braucht Zeit und Geduld, bis der krankhafte Prozeß ausheilt.

Warum kann es zum Hinken kommen?

Während der Zeit des intensiven Wachstums – zwischen dem ersten und dem neunten Monat – sind sowohl die knorpeligen, als auch die knöchernen Anteile des Skeletts sehr fragil und somit den enormen mechanischen Belastungen nicht in ausreichendem Maße gewachsen. Dies gilt besonders für die Knochen der Gliedmaßen im Bereiche der Wachstumszonen, d. h. in und um die Epiphysenfuge und in den Gelenksknorpeln. Der Gelenksknorpel und der Knorpel der Epiphysenfuge ist zur Zeit des intensiven Wachstums – und nur zu dieser Zeit – mit Blutgefäßen, welche die Verknöcherung einleiten, durchsetzt. Dadurch ist aber die ohnehin schon geringe Stabilität des wachsenden Knorpels vermindert. Der Knochenschaft rings um die Epiphysenfuge fängt gerade an, sich zu bilden, d. h. er besteht noch vorwiegend aus Bindegewebe. Starke mechanische Belastungen können sowohl im Gelenksknorpel der Epiphysenfugen, als auch im gerade neu gebildeten Knochengewebe Schäden verursachen. Schäden im Knochengewebe – in der Regel Mikrofrakturen – heilen spontan. Schäden im Knorpel der Epiphysenfuge leiten zu fehlerhaften Verknöcherungen, die in der Regel durch den Heilungsprozeß problemlos korrigiert werden. Schäden im Gelenksknorpel hingegen können zu bleibenden Arthrosen führen.

Auch die Ansatzstellen von Bändern und Sehnen erreichen ihre volle Belastbarkeit erst nach Abschluß der intensivsten Wachstumsphase. Übermäßige Belastungen kann zu Zerrungen führen, die, wenn noch die Knochenhaut mit einbezogen wird, sehr schmerzhaft sein können, was mit Hinken quittiert wird.

Die Stabilität des wachsenden Skelettes kann durch unsachgemäße Fütterung dramatisch reduziert und die Knochenentwicklung fehlgeleitet werden.

Hinken kann viele Ursachen haben. Begreiflicherweise wünschen alle Besitzer eine schnelle Heilung und entschließen sich, oder drängen gar, viel zu früh auf eine Operation. Operationen sind in vielen Fällen nicht nötig. Sie belasten das Tier unter Umständen nur unnötig und können im schlimmsten Falle – vor allem, wenn Gelenke mit einbezogen werden – eine Heilung verhindern.

Hüftgelenksdysplasie (HD)

Der Begriff HD umschreibt krankhafte Veränderungen am Hüftgelenk. Bei der Entstehung spielen Erbfaktoren eine wesentliche Rolle. Selbst beim heutigen fortgeschrittenen Stand der Wissenschaft sind noch lange nicht alle Zusammenhänge bekannt.

Umwelteinflüsse, wie Überforderung des Junghundes oder falsche Ernährung, sind neben den genetischen Dispositionen für kranke Hüftgelenke verantwortlich. Anhand von Röntgenbildern ist nur der Phänotyp sichtbar, die genetische Anlage bleibt verborgen. Der Experte beurteilt die Größe des Gelenkspaltes, die Form der Gelenkspfanne und des Oberschenkelkopfes, unter Berücksichtigung der rassespezifischen Punkte, sowie eventuelle Veränderungen an den Gelenken selbst und am Oberschenkelhals. Je nachdem wie stark und wie fortgeschritten diese Veränderungen sind, werden sie graduell unterschieden: HD I bedeutet geringgradige, gerade noch erfaßbare Veränderungen, HD IV schwere und fortgeschrittene Veränderungen. Das Alter des Hundes ist dabei immer zu berücksichtigen. Vor dem 12. Lebensmonat kann keine verbindliche Diagnose gestellt werden, weil das Skelett und damit auch die Gelenke noch nicht genügend weit entwickelt sind. Andererseits können geringgradige Veränderungen, die im Alter von 12 Monaten auf dem Röntgenbild gefunden werden, innerhalb von 6 bis 12 Monaten verschwinden. Dabei handelt es sich aber meistens um Veränderungen am Oberschenkelhals. Hinzu kommt, daß nicht alle Veränderungen, die bei der HD vorkommen, auch tatsächlich das Resultat einer HD sind, d. h. erblich bedingt sind. Anhand des Röntgenbildes kann dies aber nicht festgestellt werden.

Aus dem Gesagten geht hervor, daß einer sorgfältigen Beurteilung der Röntgenaufnahmen der Hüftgelenke größte Bedeutung zukommt, aber auch, daß dem Befund bei leichtgradigen Veränderungen mit Kritik und der nötigen Distanz, von der aus nicht nur die Hüftgelenke, sondern eben das ganze Tier beurteilt werden kann, begegnet wird. Die heute übliche Praxis, auch Tiere mit HD I zur Zucht einzusetzen, ist ein sinnvoller Kompromiß, zum einen, weil die Abgrenzung zwischen normalen Hüftgelenken und solchen mit HD I nicht immer einfach ist, und zum anderen, weil eine Paarung von zwei HD-freien Elterntieren nie eine Garantie für HD-freie Nachkommen ist.

Entscheidend für die Auswahl der Zuchttiere sollte letztlich nicht nur die Hüftgelenksdysplasie sein, sondern es sind noch andere Kriterien, wie etwa der Bewegungsablauf zu beachten. Ein gut gebauter Spaniel mit HD I, der sich viel und gut bewegt, bedeutet unter Umständen für die Zucht weitaus mehr, als ein HD-freier Hund mit klammem Gang. Paradoxerweise ist HD-Freiheit keineswegs immer mit optimalem Bewegungsablauf gekoppelt. Die Gründe, die zu unharmonischen Bewegungsabläufen führen, können natürlich irgendwo im Bewegungsapparat zu finden sein.

Osteochondrosis, Osteochondritis

Eine Osteochondrosis entsteht infolge einer fehlerhaften Entwicklung der Gelenksanteile (Epiphysen) der Röhrenknochen (s. Hinken beim jungen Hund). Störungen in der Entwicklung der Gelenksknorpel können sekundär zu Entzündungen führen – dann spricht man von Osteochondritis – oder es können Knorpelteile in die Gelenkshöhle abgespalten werden – dann spricht man von der Osteochondrosis oder Osteochondrosis dissecans. Grundsätzlich können sich in allen Gelenken solche Entwicklungsstörungen manifestieren. Betroffen sind in der Regel solche, die großen mechanischen Belastungen ausgesetzt sind. Darunter sind in erster Linie Ellenbogengelenk und Schultergelenk zu erwähnen. Mit der Osteochondrosis disscans des Ellenbogengelenkes sind oft noch andere Entwicklungsstörungen (Ablösung von Knochenfortsätzen) gekoppelt. Es wird vermutet, daß diesen Störungen eine genetische Komponente zugrunde liegt. Wichtig ist, sich zu erinnern, daß während des Wachstums auch in den Gelenksknorpeln Blutgefäße sprießen, die unter anderem die mechanische Belastbarkeit massiv reduzieren können.

Zu den Ursachen, die zu einer Osteochondrose führen, werden fehlerhafte Entwicklung der Gefäße, aber auch Überernährung, falsche Ernährung in bezug auf Mineralstoffe und Vitamin D, und fehlerhafte Belastung als Folge einer Fehlstellung der Gliedmaßen, angesehen.

Epilepsie

ist eine Krankheit, die vererbt (genuine Epilepsie) oder erworben (unechte oder sekundäre Epilepsie) sein kann. Der Erbgang der genuinen Epilepsie ist nicht bekannt. Zu den Ursachen, die zu Krämpfen oder krampfartigen Anfällen (erworbene Epilepsie) führen können, gehören verschiedene Krankheiten, vorgeburtliche Schädigungen, Verletzungen, Vergiftungen, Streß, Schlafstörungen, Stoffwechselstörungen, hormonelle Störungen u.a. In den meisten Fällen handelt es sich um die unechte Form. Es ist daher angebracht, sorgfältige klinische Nachforschungen unter Einbezug der Zuchtlinie zu machen, bevor, wie die Praxis leider zeigt, in leichtfertiger Weise von genuiner Epilepsie gesprochen wird.

Augenkrankheiten

Die Veterinärophthalmologen sind heute in der Lage, erworbene von vererbten Augenkrankheiten zu erkennen. Für den Hund ist diese Untersuchung schmerzlos und dauert nur einige Minuten. Beim Spaniel sind Erkrankungen vom 12. Lebensmonat an feststellbar; das bedeutet, daß eine Krankheit im Idealfall erkannt werden kann, bevor der Hund zur Zucht verwendet wird. Der 1987 von der Verfasserin gegründete, und inzwischen von der veterinär-medizinischen Fakultät der Universität Zürich übernommene Augenfonds zur Bekämpfung vererbter Augenkrankheiten beim Hund, offeriert jährlich an ein bis zwei Internationalen Hundeausstellungen in der Schweiz Vorsorgeuntersuchungen. In Deutschland und Österreich sind die Spezialclubs in der Lage, Vorsorgeuntersuchungen zu veranlassen.

Progressive Retinaathrophie PRA ist eine langsam fortschreitende Erkrankung der Netzhaut, die mit der Zeit zum vollständigen Erblinden führen kann. Es sind zwei Formen von PRA bekannt: die generalisierte Form, wo der Hund vollständig erblinden kann und die zentrale Form, die nicht immer zur vollständigen Blindheit führen muß. Ein an der zentralen PRA leidender Hund sieht in den frühen Stadien der Krankheit bei Dämmerlicht besser als bei Tageslicht. Das frühzeitige Erkennen ist für die Zucht von Bedeutung. Allerdings kann sich die PRA erst recht spät manifestieren, nachdem eine Hündin schon etliche Welpen geboren oder der Rüde schon Dutzende von Hündinnen gedeckt hat.

Retinadysplasie RD. Retinadysplasie ist eine Fehlentwicklung der Netzhaut, die zusammen mit einer Netzhautablösung auftreten kann. Die Krankheit kann sekundär als Folge von anderen sich im Auge entwickelnden Krankheiten entstehen, oder als primäre Erbkrankheit vorkommen. In diesem Falle ist sie nach Abschluß der Augenentwicklung bereits vorhanden und ist nicht fortschreitend. Sie kann im Alter von etwa acht Wochen diagnostiziert werden. Die Beeinträchtigung der Sehkraft hängt vom Ausmaß der Veränderung ab. Im günstigsten Fall sind keine wesentlichen Sehstörungen zu erkennen, im schlimmsten Falle ist ein Tier beidseitig blind. Die vererbte Retinadysplasie wurde oft in Zusammenhang mit anderen Störungen am Auge, aber auch am Skelett und Herz-Kreislauf-System beobachtet.

Katarakt. Mit Katarakt (grauer Star) bezeichnet man jede Linsentrübung, die verschiedene

Ursachen haben kann. Die bekannteste Form ist der Altersstar, der bei vielen Rassen vorkommt, und der als normale Erscheinung beim alten Hund bezeichnet werden darf. Katarakt kann sich sekundär bei Zuckerkrankheit oder bei einer Netzhauterkrankung entwickeln, oder als selbständige vererbte Krankheit vorkommen.

Die Entwicklung eines Katarakts führt zur Beeinträchtigung der Sehkraft, im schlimmsten Fall zum Erblinden.

Entropium, Ektropium. Entropium bedeutet ein Einrollen, Ektropium ein Ausrollen des Augenlides. Beides sind harmlose, operativ leicht korrigierbare, vererbte Krankheiten. Sowohl beim ausgeprägten Entropium als auch beim Ektropium ist eine Operation angezeigt. Wird ein Entropium bei einem jungen, noch wachsenden Hund operativ korrigiert, besteht die Gefahr der Überkorrektur, so daß ein Ektropium entstehen kann und umgekehrt. Beim jungen Spaniel ist sehr oft ein leichtgradiges Ek- oder Entropium vorhanden, welches besser als loses Augenlid bezeichnet wird. Welpen und Junghunde haben fast immer zuviel Haut. Sobald der Kopf sein endgültiges Volumen erreicht hat, liegt in der Regel auch die Haut straffer am Schädel, und das Ek- oder Entropium ist verschwunden.

Teil VII

Erziehung

Bei der Hundeerziehung ist es in erster Linie der Besitzer (oder Hundeführer), der geschult werden muß, die Anlagen des Hundes und dessen Lernbereitschaft so zu nutzen, daß der Hund, vom menschlichen Standpunkt aus gesehen, gehorcht. Der Mensch muß dem Hund, wenn er ihm etwas beibringen will, in geschickter Weise zu verstehen geben, was er tun darf und soll, und was nicht. Dabei muß er zuvor überlegen, wie er vorgehen will. Nur dann ist eine konzentrierte Ausführung durch den Hund möglich. Dazu muß er wissen, daß der Hund die menschliche Sprache nicht versteht; aber durch Verknüpfen des Hörzeichens mit seiner Handlung, werden einige Wörter für ihn zu Signalen. Wenn z. B. ein junger Hund spontan herbei kommt, begleiten wir seine Handlung mit einem bestimmten, sich immer gleichbleibenden Hörzeichen, so etwa mit »Komm«. Hat der Hund nach einigen Wiederholungen sein Herbeikommen mit dem gewählten Hörzeichen gedächtnismäßig verknüpft, werden wir durch das »Komm« diese Handlung auch auslösen können. Genau gleich gehen wir beim Üben aller anderen erwünschten Handlungen des Hundes vor. Dabei darf ein gebührendes Lob nie vergessen werden, das am wirksamsten kurz nach der Übung erteilt wird. Macht der Hund etwas falsch, reagieren wir mit einem ohne jede Erregung gesprochenen »Nein«. Erst danach

nehmen wir ruhig, aber bestimmt, die Korrektur vor und beginnen die fehlerhaft ausgeführte Übung wieder von vorn. Geht es darum, eine unerwünschte Handlung zu unterbinden, verwenden wir das scharf gesprochene Hörzeichen »Nein«; so etwa, wenn der Hund etwas stehlen will.

Die Erziehung des Welpen beginnt am ersten Tag bei seinem Einzug in seine Menschenfamilie. Dabei lernt er Lob und Tabus, Angenehmes und Unangenehmes kennen.

Nun steht der erste Spaziergang vor der Tür:

Bei den ersten kurzen Quartierrunden geht es vor allem zuerst darum, daß der Welpe mit dem Halsband und der Leine, mit der näheren Umgebung seiner neuen Wohnung, aber vor allem mit seinem neuen Partner vertraut wird. Er wird sich möglicherweise zuerst gegen das Leinenlaufen stemmen oder vorauspreschen. Die Einwirkungen des Besitzers sollen zu diesem Zeitpunkt noch gering bleiben. Wir versuchen lediglich, den Welpen zum Mitgehen zu motivieren, indem wir zulaufen und ihn, je nach Situation, mit etwas Schwung nach vorn oder zurückziehen, wobei die Leine nach jeder Einwirkung wieder locker durchhängen soll. Kleine Leckerbissen und eine lobende Stimme muntern ihn auf.

Sobald der Kleine mit der näheren Umgebung seiner Wohnung und vor allem mit seinem Partner vertraut ist, dehnen wir die Spaziergänge langsam aus. Nun ist der Zeitpunkt gekommen, einige Grundübungen zu lernen, die das tägliche Zusammensein und das gegenseitige Verstehen fördern und unterstützen.

Die drei Grundübungen

(gemäß U. Ochsenbein in seinem Buch: ABC für Hundehalter, Müller Verlag, Rüschlikon)
  a) Gehen, wenden, anhalten, sitzen
  b) Die Bleib-Übung
  c) Die Abrufübung, das Herbeikommen

Wenn diese drei Übungen wöchentlich drei- bis fünfmal während einiger Minuten gemacht werden, haben wir in relativ kurzer Zeit einen gefreuten, wohlerzogenen Hund,
der nicht an der Leine zieht,
der sich setzt, wenn wir anhalten,
der vor jeder Straßenquerung, vor jedem Ein- und Aussteigen in das Auto zuerst absitzt,
der kommt, wenn wir ihn rufen,
kurzum, der uns problemlos überall hin begleiten kann.

Zum Üben wählen wir einen verkehrssicheren Ort.
Wichtig ist, daß wir immer ruhig und gelassen bleiben, auch wenn der Hund den gleichen Fehler mehrmals macht. Darüber sollten wir sogar froh sein, denn das beweist uns, daß unser Hund ein selbständiges Wesen ist. Unser Auftrag ist, daß jede Übung sorgfältig aufgebaut wird, damit sie für den Hund verständlich wird.

Gehen, Wenden, Anhalten, Setzen

(Bildfolge S. 64)
Photos: U. Ochsenbein

Gehen
a) Der Hund geht immer links vom Führer.
b) Die Leine ist in der rechten Hand und hängt locker durch.
c) Die Gangart von Hund und Führer ist flüssig.
d) Während dieser Übung bleiben wir stumm.

Wenden
Nach einigen Metern Geradeausgehen, wobei zu beachten ist, daß wir uns immer aufrecht halten, machen wir eine Wende nach rechts. da die Leine rechts gehalten wird, hilft unser Körper bei der Wendung mit, den Hund in die neue Richtung zu ziehen. Die Wendung soll ein Rechtsumkehrt an Ort sein und nicht bogenförmig gemacht werden. Nach der Wendung soll die Leine wieder locker durchhängen. Auch hier bleiben wir stumm und beachten den Welpen nicht. Dank seines gut entwickelten Raumgefühls wird der Welpe schnell begriffen haben, was wir von ihm wollen. Wenn er uns freudig folgt, darf er verbal aufgemuntert werden.

Anhalten, sitzen
Der Hund folgt uns auf der linken Seite. Nun verlangsamen wir unseren Schritt und heben gleichzeitig mit der rechten Hand die Leine senkrecht an. Für den Hund ist das Anheben der Leine ein nicht angenehmes Gefühl, und er wird versuchen, auszuweichen, indem er sich setzt. Zusätzlich können wir mit den Fingerspitzen der freien linken Hand ganz leicht

auf die Kruppe des Hundes tippen, um der Sitzbewegung sanft nachzuhelfen. Während des Sitzvorganges unterstützen wir den Hund verbal und sagen freundlich »Siiitz«, und lassen die noch immer senkrecht nach oben gezogene Leine los. Bald wird der Hund mit dem Anheben der Leine in die Sitzstellung ausweichen, da er die Erfahrung gemacht hat, daß beim Loßlassen der gespannten Leine der Zug auf das Halsband aufhört, und zugleich mit dem Wort »Sitz« eine Verknüpfung machen. Sobald der Hund sitzt, richten wir uns auf und warten zwei Sekunden, bis wir ihn loben.

Die Bleib-Übung

(Bildfolge S. 65)
Photos: U. Ochsenbein

Diese Übung ist der Grundstein zum gegenseitigen Verstehen und zum Vertiefen der Beziehung Mensch – Hund.

Sie bedeutet viel mehr, als nur einen folgsamen Hund zu haben, der dort sitzen bleibt, wo er dazu aufgefordert wurde. Vor jeder Bleibübung soll die Gehübung gemacht werden; der Hund ist so viel konzentrierter und wird sich für das Neue interessieren.

Ausgangsstellung: Der Hund sitzt an unserer linken Seite, die Leine liegt lose in unserer rechten Hand. Wir stehen gerade aufgerichtet. Die linke Handfläche halten wir über den Kopf des Hundes und sagen gleichzeitig »Bleib«. Wir nehmen die Hand sofort wieder zurück und bleiben aufgerichtet während zwei Sekunden stehen.

Nun treten wir entschlossen vor den Hund; dabei schauen wir geradeaus, über den Hund hinweg. (Wir schauen dem Hund nie in die Augen.) Nach zwei Sekunden loben wir den Hund: »Brav Bleib«.

Nach einer Wartezeit von etwa 30–60 Sekunden halten wir unsere linke Handfläche vor und sagen gleichzeitig »Bleib«. Nach zwei Sekunden Wartezeit treten wir entschlossen neben den Hund, bleiben aufgerichtet, mit durchhängender Leine, stehen und loben nach weiteren zwei Sekunden: »Brav Bleib«.

Bleibt der Hund während des Ablaufes der Übung nicht sitzen, sagen wir im Moment, wo er den Fehler macht, mit ruhiger Stimme: »Nein«, und beginnen die Übung ganz von vorne. Der Hund wird nur verstehen und seine Handlung mit unserem Befehl verknüpfen können, wenn wir Schritt für Schritt vorgehen. Das bedeutet, daß wir egal bei welcher Übung, immer in die Ausgangsstellung gehen müssen.

Abrufen, herbeikommen

Auch bei dieser Übung gilt für den Besitzer: Vorausdenken vor dem Handeln. Wir wissen inzwischen, daß der Hund zuerst lernen muß, unsere Hörzeichen mit seinen Handlungen zu verknüpfen, wie beim Beispiel »Komm« erklärt wurde.

Die Abrufübung

Wenn diese Übung mehrmals durchgeführt und von Zeit zu Zeit wiederholt wird, werden wir bald einen Hund haben, der auch wirklich kommt, wenn man ihn ruft.

Wir machen die Übung auf einem Waldweg oder ähnlichem, das kanalisierend wirkt. Weites, offenes Gelände lenkt den Hund zu sehr ab und erschwert den Vorgang.

Eine Hilfsperson hält den Hund zurück,

während wir uns mit der in der Tasche versorgten oder umgehängten Leine etwa 30 Meter in gerader Linie vom Hund entfernen.

Nach dieser Distanz halten wir an, drehen uns in die Richtung Hund um, schauen ihn aber nicht an, bleiben bewegungslos stehen und zählen dabei bis zwanzig.

Nun rufen wir den Hund einmal mit »Komm«, oder »Hier«. Die Hilfsperson gibt den Hund frei, der nun auf uns zurennt. Dabei bleiben wir bewegungslos stehen.

Es ist durchaus möglich, daß der Hund neben uns vorbei rennt. Jetzt ist es wichtig, daß wir uns nicht bewegen und den Hund nicht anschauen. Der Hund wird irgendwann zu uns kommen. Dann fassen wir ihn am Halsband und setzen ihn an unsere linke Seite, richten uns auf, warten zwei Sekunden, binden ihn an, richten uns wieder auf und warten weitere zwei Sekunden, bis wir ihn gebührend loben.

Abrufen ohne Begleitperson

Wir rufen den Hund, wenn er auf uns zukommt, einmal bei seinem Namen und fügen das Hörzeichen »Komm« oder »Hier« bei, bleiben aufrecht, unbeweglich stehen, bis der Hund bei uns ist. Nun nehmen wir ihn wortlos beim Halsband an unsere linke Seite und leiten die *Sitzübung* ein: Halsband mit der rechten Hand anheben, mit den Fingerspitzen der linken Hand leicht auf die Kruppe tippen, verbal mit »Sitz« unterstützen, bis sich der Hund setzt, unter gleichzeitigem Entlasten des angehobenen Halsbandes.

Nun richten wir uns auf, zählen bis zwei, dann leinen wir den Hund an, richten uns wieder kurz auf – erst jetzt loben wir den Hund.

Diese Anleitungen erscheinen auf Anhieb sehr kompliziert, sind aber Schritt für Schritt so erklärt, um dem Hund die Verknüpfung mit unserem Hörzeichen so leicht wie möglich zu machen.

Etwas ganz Wichtiges ist das Lob – auch wenn der Hund nicht kommt, und man seiner dann irgend einmal endlich habhaft wird; sobald er bei uns wieder angeleint sitzt, wird er gelobt und *nie ausgescholten.* Das Herbeikommen muß für ihn immer etwas Angenehmes sein. Am Anfang sind Hilfsmittel, wie kleine Leckerbissen eine Hilfe, dürfen aber nur verabreicht werden, wenn der Hund die Übung vollständig gemacht hat, d.h., wenn er wieder an unserer linken Seite sitzt.

Was tun, wenn der Hund nicht kommt?

Wir rufen den Hund ein-, höchstens zweimal, und erst dann, wenn er nicht zu sehr durch andere Einflüsse abgelenkt ist. Dabei sagen wir nicht nur seinen Namen, wir fügen immer noch das bestimmte Hörzeichen bei. Wenn wir ihn nur bei seinem Namen rufen, nimmt der Hund das als Bestätigung auf, daß wir ihn gesehen haben und wird sich weiter mit seinem momentanen Tun beschäftigen. Wieso sollte er kommen, wir haben ihm ja gesagt, wo wir sind. Also gilt: Je weniger rufen, desto besser. Wenn wir aber rufen, müssen wir vom Hund auch die gewünschte Handlung ausführen lassen. Erst dann sind wir für den Hund glaubwürdig und werden als Rudelführer angesehen.

Wenn der Hund auf unser Rufen nicht reagiert, entfernen wir uns in zügiger Gangart in

Wortlos hat sich die Besitzerin entfernt und sich in einer Distanz von 20 bis 30 m aufgestellt. Jetzt zählt sie langsam auf 20, wonach sie den Hund klar und kurz, aber nur einmal, ruft.

Ist er nahe genug, wird er herbeigenommen und genau wie bei der Übung »Gehen, Anhalten und Setzen« zum Sitzen in der Endposition gebracht.

Der Hund läuft interessiert zur bewegungslos und entspannt verweilenden Besitzerin.

Man schaltet nochmals eine Pause von mindestens 2 Sekunden ein, bevor man den Hund kurz lobt, wobei er nicht aufstehen darf. Bleibt er sitzen, ist die Abrufübung beendet.
Photos: U. Ochsenbein

der entgegengesetzten Richtung. Kommt der Hund immer noch nicht, verstecken wir uns hinter dem nächsten Baum. Für uns kann es zum Geduldspiel werden, es lohnt sich aber auf jeden Fall, irgendwann wird der Hund wegen seiner natürlichen Neugierde kommen.

Eine weitere Möglichkeit, dem Hund das Herankommen interessant zu gestalten, wenn kein Versteck da ist: Man entfernt sich ebenfalls in der entgegengesetzten Richtung, kauert in einiger Distanz zum Hund nieder und fängt intensiv mit einem Gegenstand am Boden zu reiben an, oder man schnüffelt wie ein Hund... Seine Neugier wird überhandnehmen, und er wird kommen. Auch hier gilt: *Das Lob* nicht vergessen – aber immer erst, wenn der Hund angeleint wieder an unserer linken Seite sitzt.

Wenn wir diese Grundübungen auf dem Hundespaziergang abwechslungsweise einbauen, fordern wir unseren Hund. Ein geforderter Hund ist ein ausgeglichener Begleiter. Wir wollen, daß es unserem Hund gut geht, daß er sich mit uns wohl fühlt. Also, nutzen wir seine Anlagen zugunsten seines und letztlich unseres Wohlbefindens.

Teil VIII

Ausstellungen

Jeder gute Züchter ist bestrebt, mit seiner Zucht dem Rassestandard, der bei der FCI hinterlegt ist, so nahe wie möglich zu kommen, allerdings nie auf Kosten der Gesundheit und der guten, für den Spaniel typischen Wesensveranlagung. Um den Gedankenaustausch mit andern Züchtern und Rassespezialisten zu pflegen, wurden vor über 100 Jahren, zuerst in England, später auch auf dem Kontinent und in Amerika, Hundeausstellungen ins Leben gerufen. Auch heute braucht der Züchter das Urteil des Experten. Es ist in erster Linie er, der seine Zuchttiere und ihren Nachwuchs an die Ausstellung bringt. Dem Schönheitsrichter fällt eine ganz wichtige, oft zucht-

Im Ausstellungsring. Photo: T. Schmid

entscheidende Verantwortung zu. Er ist es, der maßgebend den Weg bestimmt, wohin die Zucht führen soll. Beim Spaniel sollte dieses Ziel klar sein: Er soll so bleiben, wie er ist, besonders jetzt, wo er zum Modehund geworden ist. Um dieser Aufgabe gerecht zu werden, hat sich der Schönheitsrichter über Jahre auf diese schwierige Aufgabe vorbereitet und wurde zusätzlich in Richterkursen der Landesverbände geschult und geprüft.

Aus verschiedenen Gründen hat der gute Züchter nicht immer die Möglichkeit, vielversprechende Jungtiere zu behalten, und er ist den jeweiligen Besitzern dankbar, wenn diese ihrerseits den Nachwuchs an die Ausstellungen bringen. Der Züchter ist auf die Mitarbeit des Käufers angewiesen, denn erst bei diesem »Miteinander« kann die Qualität seiner Zucht zum Tragen kommen. Sehr oft gibt es auch Hundebesitzer, die aus Spaß und hundesportlichem Interesse ihre Hunde ausstellen. Wenn man die Absicht hat, mit seinem zukünftigen Hund an Ausstellungen zu gehen, tut man gut daran, seinen Welpen bei einem Züchter zu kaufen, wo so nahe wie möglich nach dem Rassestandard gezüchtet wird. Diese Züchter findet man an den Ausstellungen.

Der Sinn der Ausstellung ist auf keinen Fall, um jeden Preis gewinnen zu müssen. Sonst ist der Leidtragende dabei immer der Hund und letztlich die Rasse.

In der Schweiz, Deutschland und Österreich

werden pro Jahr mehrere Internationale oder Nationale Ausstellungen für alle Rassen unter dem Patronat des jeweiligen Landesverbandes durchgeführt, wo die Anwartschaften und die Verleihung des Titels »Internationaler und Nationaler Schönheitssieger« vergeben werden:

CACIB = Certificat d'aptitude au championnat international de beauté,

CAC = Certificat d'aptitude au championnat.

Zusätzlich führen die Rasseclubs ihre jährlichen Clubschauen mit Vergabe des CAC sowie verschiedene andere Zuchtschauen und Regionalschauen durch. Nähere Informationen über das Wo und Wann bekommt man beim Züchter, beim Spezialclub und beim Landesverband.

Verleihung des Titels »*Schweizer Schönheitssieger*«: Dieser Titel wird durch die SKG an Hunde vergeben, wenn sie drei CAC unter mindestens zwei verschiedenen Richtern an schweizerischen Veranstaltungen erhalten haben, davon mindestens zwei an internationalen Ausstellungen, wobei zwischen dem ersten und dem dritten CAC eine Frist von mindestens zwölf Monaten liegen muß.

Verleihung des Titels »*Internationaler Schönheits-Champion*«: Dieser Titel wird auf Antrag des jeweiligen Landesverbandes durch die FCI homologiert für Hunde, die den Arbeitsprüfungen unterworfen sind, wenn sie zwei CACIB in zwei verschiedenen Ländern, unter zwei verschiedenen Richtern erhalten und dazu eine anerkannte Jagdprüfung mit Erfolg absolviert haben. Eines der beiden CACIB muß im Lande des Wohnsitzes des Eigentümers erlangt worden sein.

In Deutschland und Österreich sind die Verhältnisse ähnlich wie in der Schweiz – für nähere Auskunft wende man sich an die entsprechenden Landesverbände oder Rasseclubs.

Vorbereitungen für die Ausstellung

Mit den Anmeldeformularen erhält der Aussteller ein Programm mit genauen Anleitungen über Klasseneinteilungen, Altersgrenzen, verlangten Schutzimpfungen und den Namen der Richter. Am Ausstellungstag ist er frühzeitig mit seinem versäuberten Hund dort und geht als erstes durch die Veterinärkontrolle. Dazu braucht er den Impfpaß des Hundes und die von der Ausstellungsleitung zugestellten Aufnahmekarte und Startnummer für den Eintritt. Eine Sicherheitsnadel für die Startnummer, die Vorführleine, ein Frottiertuch, Kamm, Bürste und Schere sind nicht zu vergessen. An internationalen Ausstellungen werden die Hunde in Boxen untergebracht. Dazu braucht man eine Anbindekette, eine Decke und ein Wassergeschirr. Ein Klappstuhl ist sehr praktisch, denn der Ausstellungstag ist lang und recht ermüdend.

Wo sich der Ausstellungsring befindet, und wann welche Klasse gerichtet wird, und viele weitere wichtige Informationen kann man dann an Ort dem Ausstellungskatalog entnehmen.

Wie führt man seinen Hund vor?

Der Schönheitsrichter will einen sauberen, gepflegten, gut bemuskelten und gesunden Spaniel in der sogenannten Ausstellungspose se-

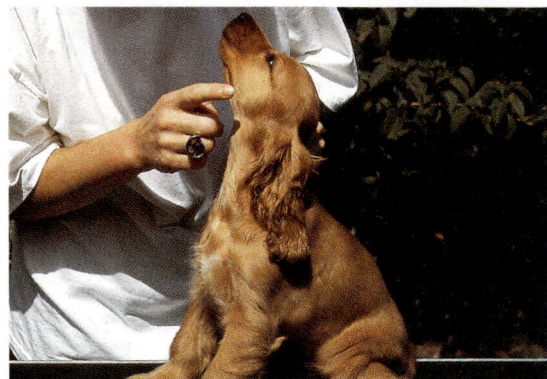

Der Welpe lernt das »Schönstehen:
Bild a – d Wie man es machen sollte.
Bild e – f Wie man es nicht machen sollte.

hen. Er wird den gestellten Hund begutachten und wird ihn am ganzen Körper abtasten, sein Gebiß kontrollieren und ihn in der Bewegung bewerten.

Das »Schönstehen«, das »Zähnezeigen« und das »Vortraben« müssen der Hund und sein Besitzer zuerst lernen. Man beginnt damit wenn möglich in frühester Jugend, wobei einige Minuten zwei, dreimal pro Woche genügen. Dazu ist der Pflegetisch eine praktische Hilfe. Nachdem die Fellpflege beendet ist, beginnt man mit dem Aufbau der korrekten Stellung. Für diesen Vorgang, der in den Bildern auf Seite 72 dargestellt ist, sollte eine ruhige Atmosphäre herrschen und jede Hektik vermieden werden. An anderer Stelle in diesem Buch wurde darauf hingewiesen, wie der Hund mit der Zeit unsere Hör- und Sichtzeichen mit einer bestimmten, von uns gewünschten Handlung verknüpfen wird. Dies gilt auch hier – jede Manipulation am Hund soll mit unserer beruhigenden Stimme und immer mit dem gleichen, zur Position passenden Wort unterstützt werden.

Auf diese Weise wird der Hund schnell begreifen, und das »Schönstehen« wird für ihn in kürzester Zeit zur Routine werden.

Sobald das »Schönstehen« klappt, läßt man den Hund von einer Zweitperson, die den Schönheitsrichter imitiert, langsam von Kopf bis Fuß abtasten – dabei soll der Hund stehen bleiben. Der Richter wird auch das Gangwerk des Hundes begutachten. Man führt den Hund in gleichmäßigem Trab und grundsätzlich an der linken Seite vor. Auch das sollte man öfters üben, denn es ist für den Richter äußerst schwierig, das Gangwerk eines hochspringenden, undisziplinierten Hundes zu bewerten. Die Zeichnungen auf Seite 74 zeigen

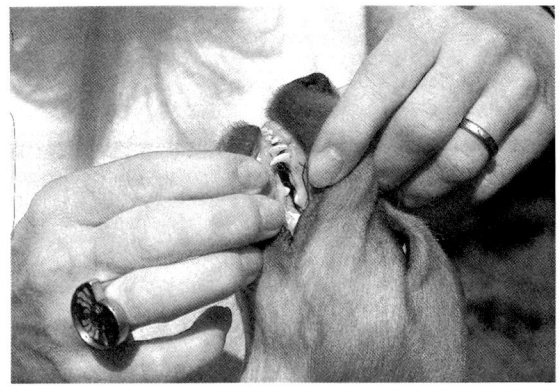

Auch das »Zähnezeigen« sollte geübt werden, damit es für den Hund später an der Ausstellung etwas Alltägliches sein wird.

die Bewegungsrichtungen, die vom Richter am häufigsten verlangt werden.

Im Vorführrring

Mit der an gut sichtbarer Stelle (Revers, Gürtel usw.) angehefteten Startnummer stellt man sich mit seinem Hund in numerischer Reihenfolge im Gegenuhrzeigersinn im Ring auf und befolgt die Weisungen des Ringpersonals. Nun gehört die ganze Aufmerksamkeit des Ausstellers, solange er im Ring ist, nur noch seinem Hund und dem Richter.

Sportliches Verhalten
Gewinnen kann immer nur einer, und manchmal schneidet man nicht so gut ab, wie man das erwartet hat. Trotzdem hat man ja den »schönsten Hund«. Richter sind auch nur Menschen und »Schönheit« kann auf ver-

schiedene Weise interpretiert werden. Enttäuschung überträgt sich auf den Hund, nur: Er begreift nicht, was er falsch gemacht hat. Die Hauptsache soll das »Mitmachen« sein, und wer weiß, vielleicht klappt es beim nächsten Mal besser.

Die Bewegungsrichtungen, die vom Richter am häufigsten verlangt werden.

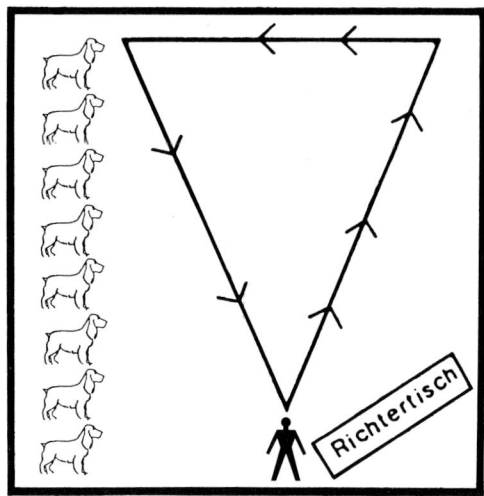

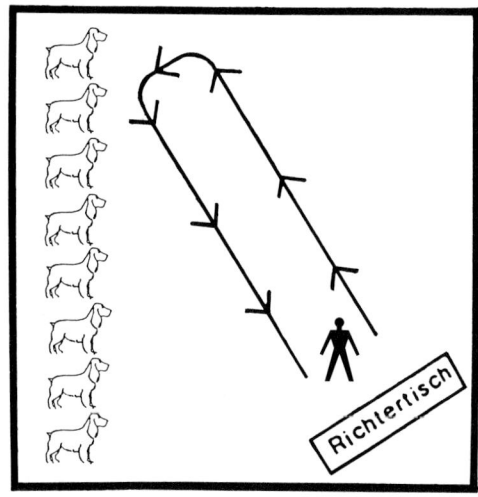

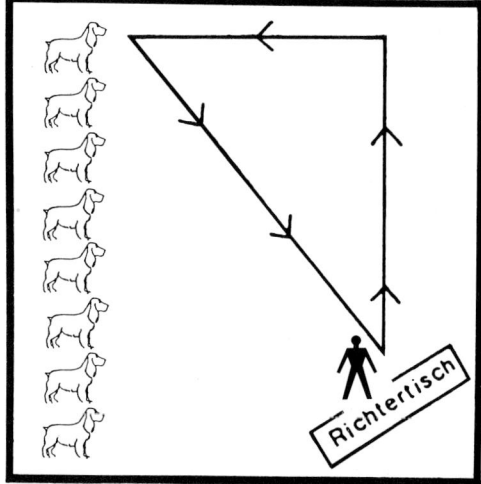

Teil IX

Züchten

Züchten ist kein leichtes Unterfangen, und wer dabei eine Geldquelle erwartet, läßt besser die Finger davon. Auch wenn der Tierarzt dem Hündinnenbesitzer empfohlen hat, daß für deren Gesundheit ein Wurf gut wäre, klärt man vorher beim zuständigen Rasseclub, auf einer Ausstellung oder beim Züchter der Hündin ab, ob sie sich überhaupt zur Zucht eignet. Es sollten nur die besten, dem Rassestandard in hohem Maße entsprechenden Tiere zur Nachzucht eingesetzt werden. Eine Hündin, die nie geworfen hat, kann auch glücklich und gesund leben, da dies weitgehend vom Besitzer abhängt.

Voraussetzungen für einen guten Züchter

Die Voraussetzungen, die ein guter Züchter mitzubringen hat, sind vielschichtig und sollen hier etwas näher beleuchtet werden. An erster Stelle steht sicher die Liebe zur Kreatur, und er muß bereit sein, hie und da, ohne jede Sentimentalität, Opfer zu bringen.

Ein weiterer wichtiger Faktor ist die Zeit. Zeit für die Hündin, Zeit für die Welpen, Zeit für die zukünftigen Besitzer, und Zeit für alle jene Besitzer, die schon einen Hund von ihm haben und froh für vernünftige Ratschläge sind. Die Liebe zum Tier endet nicht mit dem Ver-

kauf des Welpen. Ein guter Züchter begleitet ihn und seine Familie ein ganzes Hundeleben lang. Aber auch ein gewisses Maß an Härte muß vorhanden sein, denn der gute Züchter zieht nur gesunde Welpen auf und muß manchmal kränkelnde, ungesunde Welpen in den Hundehimmel schicken. Wenn dieser schwierige Schritt getan ist, kann man sehr oft beobachten, wie Ruhe im Wurf einkehrt und die restlichen Welpen zu gesunden, widerstandsfähigen Junghunden heranwachsen dürfen.

Die Verantwortung des Züchters

Der Züchter soll sich als »Fürsprecher« seiner Zöglinge sehen, denn er hat den Wurf geplant. Er trägt die Verantwortung dem Tier gegenüber. Eines der Hauptkriterien ist dabei sicher die Auswahl der zukünftigen Besitzer seiner Welpen, denn schon damit wird über deren weiteres Schicksal entschieden. Diese Phase ist eine der schwierigsten im Züchteralltag, denn in der heutigen Zeit des Wohlstandes und des Luxus' gehört es oft zum guten Ton, sich auch einen Hund zu leisten. Dabei wird oft zu schnell gehandelt – ohne die geringste Ahnung von den Bedürfnissen, die ein Tier nun einfach einmal hat.

Der Züchter muß auch *Nein* sagen können,

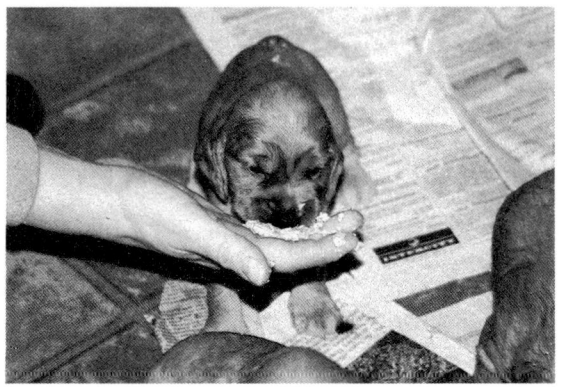

Hautnaher Kontakt mit dem zukünftigen Besitzer.
Photo: U. Ochsenbein

Erste Mahlzeit aus der Hand der Züchterin.

Erste Mahlzeit aus der Futterschüssel.

Der gute Züchter bietet Abwechslung im Welpengehege.
Photo: U. Müller

wenn er das Gefühl hat, daß der zukünftige Besitzer seinem Welpen kein hundegerechtes Dasein bieten kann. Es geschieht leider immer wieder, daß trotz aller Vorsicht ein Irrtum passiert. Nach einigen Wochen kommt dann ein verhaltensgestörter Junghund zurück als ein weiteres Opfer der heutigen Wegwerfgesellschaft. Dabei lernt der Züchter allerlei Menschen kennen – macht negative, aber auch viel positive Erfahrungen. Manch nette Freundschaft ist schon via Hund entstanden. Die positiven Aspekte lassen mit der Zeit das Negative verblassen und ermutigen den Züchter in seinem Bestreben, gute Hunde zu züchten, weiterzufahren. Der gute Züchter kennt seine Zuchtlinien und verfolgt die Entwicklung seiner Zuchttiere. Dabei berücksichtigt er alle wichtigen, rassespezifischen Punkte, die im Standard gegeben sind. Er legt größtes Gewicht auf das Aussehen und die Wesensgrundlagen mit all ihren Instinkten und Trieben – trägt ihnen in seinem Zuchtprogramm Rechnung und behält nur die besten Tiere zur Nachzucht. Er achtet darauf, daß die Linien der Ahnen zusammenpassen. Er nimmt also nicht einfach eine Hündin und einen Rüden und macht einen Wurf, sondern er kennt die Rasse und deren Ursprungsgeschichte gut. Er hat auch fundierte Kenntnisse in Genetik, denn die Vererbung spielt bei der Zucht eine wesentliche Rolle.

Die Zuchtzulassung

Bevor mit einem Spaniel gezüchtet werden kann, muß er je nach Land und Zuchtreglement des Rasseclubs, (in der Schweiz des Spaniel Club der Schweiz, in Deutschland des Jagdspaniel-Klub e. V. und in Österreich des Jagdspaniel-Klub) von dessen Zuchtkommission begutachtet werden, bevor er eine Zuchtzulassung (Körschein) erhält. Eine Ankörung besteht aus einer Formwertbeurteilung, wobei auch dem Wesen gebührend Rechnung getragen wird, und dem von einer offiziellen Stelle ausgewerteten Hüftgelenks-Attestes. Es ist dringend zu empfehlen, das zukünftige Zuchttier von einem anerkannten Schönheitsrichter z. B. an einer Ausstellung oder an einer Ankörung des Rasseclubs, und seine jagdlichen Anlagen an einer Anlageprüfung begutachten zu lassen.

Der Deckrüde

Für die Zucht stehen nur wenige Rüden, die dem Rassestandard sehr nahe kommen, und deren Nachkommen den hohen Erwartungen der Zuchtverantwortlichen entsprechen, zur Verfügung. Auch hier ist es mit dem schnellen Geldmachen nicht getan. Die Verantwortung der Zucht gegenüber verlangt Opfer und Einsatz und viel Zeit für den Deckrüdenhalter. Zudem sollte er über die Physiologie des Deckrüden, der Zuchthündin und des Deckvorganges Bescheid wissen. Normalerweise kommt die Hündin zum Deckrüden. Wird für den vorgesehenen Deckvorgang immer der gleiche, für diese Tätigkeit geeignete Ort benutzt, weiß der Rüde nach ein bis zwei Deckakten jeweils sofort, was von ihm erwartet wird, wenn ihm dort die läufige Hündin zugeführt wird.

Ein ganz wichtiger Aspekt ist, wie eingangs

schön erwähnt, der Faktor Zeit. Unerfahrene Hündinnenbesitzer kommen meistens viel zu früh zum Rüden.

Oft dauert es noch zwei bis drei Tage, bis die Hündin deckbereit ist. Hier ist viel Fingerspitzengefühl nötig, denn der Hündinnenbesitzer erwartet immer einen erfolgreichen Deckakt. Aber es darf niemals vergessen werden, daß es sich auch bei Spaniels um Lebewesen handelt, und daß die Natur hie und da immer noch selber bestimmt. Nach vollzogenem Deckakt ist es üblich, daß die notwendigen Formulare ausgefüllt und von beiden Besitzern unterschrieben werden, und daß die Decktaxe bezahlt wird.

In der Regel stellt der Deckrüdenbesitzer den Rüden für einen weiteren Deckakt nach vierundzwanzig bis sechsunddreißig Stunden zur Verfügung.

Sollte eine Hündin leer bleiben, ist es üblich, aber nicht zwingend, daß die Hündin bei der nächsten Hitze kostenlos dem Rüden nochmals zugeführt werden kann.

Die Zuchthündin

Man soll der Hündin genügend Zeit zum Entwickeln lassen, bevor man einen Wurf plant. In der Regel ist sie im Alter von zwei Jahren soweit, wobei sie mindestens zwei Läufigkeiten durchgemacht haben sollte, die sie zum Entwickeln ihrer für die Geburt und Aufzucht nötigen Instinkte unbedingt braucht. Die Hitze dauert in der Regel drei Wochen. Bei jeder zukünftigen Zuchthündin wird jede Hitze und ihr Verhalten genau beobachtet und darüber Buch geführt. Das erleichtert die Berechnung des Decktermins. Zudem ist die heutige Veterinärmedizin in der Lage, die Zeit der Deckbereitschaft ziemlich genau festzustellen. Ein Wurf ist eine wichtige Angelegenheit und muß gut geplant sein. Das schließt die Auswahl des zur Hündin passenden Deckrüden mit ein. Man nimmt mit dem Deckrüdenbesitzer lange vor der Hitze der Hündin Kontakt auf, denn auch er muß planen können. Es könnte ja sein, daß noch andere Hündinnen angemeldet sind.

Spätestens am ersten Läufigkeitstag vereinbart man mit dem Deckrüdenbesitzer das ungefähre Datum und die Zeit für den vorgesehenen Deckakt. Auf dem Weg zum Rüden läßt man die Hündin noch ausgiebig versäubern. Es gehört sich nicht, die nähere Umgebung des Wohnortes des Rüden und damit den Rüden selber mit den noch tagelang duftenden Brunftgerüchen der Hündin zu belasten.

Beim Rüdenbesitzer angekommen, läßt man die Hündin im Auto und richtet sich nach seinen Anweisungen. Der Hündinnenbesitzer bringt die nötigen Zuchtformulare, die er beim Landesverband oder beim Spezialclub beziehen kann, mit.

Die biologischen Vorgänge der Läufigkeit, des Deckaktes, der Schwangerschaft, der Geburt und schließlich der Aufzucht des Wurfes sind viel zu komplex und können unmöglich in einigen Sätzen erläutert werden – die Verfasserin verweist deshalb auf die bewährten Werke: *Brevier neuzeitlicher Hundezucht* von *Dr. h. c. Hans Räber,* und *The book of the bitch,* von *Dr. med. vet. J. M. Evans* und *Kay White.*

Aufzuchtbedingungen

Für das spätere Verhalten des Hundes ist es von größter Bedeutung, daß er im jüngsten Welpenalter artgerecht gehalten wurde. Dazu braucht es eine geräumige, gut isolierte Wurfkiste, die ihren Platz in einem hellen, beheizbaren, gut zu durchlüftenden Raum haben sollte. Sie soll in einer ruhigen Ecke stehen, denn die ersten drei Wochen eines Wurfes stehen im Zeichen von Ruhe und Geborgenheit. Sobald sich aber Ohren und Augen der Welpen öffnen, ändert sich die Situation. Durch die tägliche Pflege – Reinigung des Lagers, Vitalitätsprüfung und Gewichtskontrolle – gewöhnen sich die Welpen vom ersten Lebenstag an an den menschlichen Geruch und das Angefaßtwerden. Das macht sie auch mit den Geräuschen der näheren Umgebung vertraut.

Etwa von der vierten Lebenswoche an wird die Wurfkiste zu eng, es wird gespielt, herumgetollt und gekämpft – und die Mutterhündin will nicht mehr Tag und Nacht mit den Welpen verbringen. Eine gute Infrastruktur erleichtert die Arbeit des Züchters und trägt viel zur optimalen Entwicklung der Welpen bei. Sie besteht aus viel Auslauf mit unterschiedlichen Bodenbeschaffenheiten und einer geräumigen, gut isolierten, wind- und wettergeschützten Unterkunft – alles sicher umzäunt. Ein leicht zu reinigender Ort, bestimmt für Kot-

und Harnabsatz wird bald von den Welpen aufgesucht. Dadurch wird Sauberkeit im Gehege erreicht und der Grundstein zur späteren Stubenreinheit gesetzt. In diesem Alter ist die Lernbereitschaft der Welpen erwacht. Für den Züchter beginnt die sehr viel Zeit beanspruchende Vorbereitung der Welpen für das Leben in einer hochtechnisierten Welt. Er organisiert viele Besuche, konfrontiert die Welpen mit viel Alltagslärm, wie Staubsauger, Küchengeräte, Radio und was da sonst noch alles tönt. Nach erfolgter erster Schutzimpfung gewöhnt er sie ans Autofahren – kombiniert mit kleinen Spaziergängen in Wald und Feld. Daß bei all diesen Unterfangen die Mutterhündin dabei ist, sollte selbstverständlich sein, denn sie leistet einen ganz wichtigen Beitrag im Sozialisierungsprogramm der Welpen. Mit ihr lernen sie den hündischen »Knigge«, der es ihnen später bei Begegnungen mit Artgenossen leicht macht, sich entsprechend zu benehmen.

Welpen, die auf diese Weise aufwachsen dürfen, entwickeln in einer für sie ganz wichtigen Lebensphase ein gutes Nervenkostüm. Mit all diesen Erfahrungen bestückt, werden sie sich viel leichter in der neuen Umgebung bei der Ersatzmeute, dem neuen Besitzer, integrieren.

Dies bedeutet einen optimalen Start für eine zehn- bis fünfzehnjährige, in jeder Beziehung bereichernde Gemeinschaft zwischen Mensch und Tier.

Teil X

Der Spaniel im Jagdgebrauch

Das Großbritannien des 19. Jahrhunderts war das Land der großen Landgüter – ideale Voraussetzungen für die Jagd – es entstanden »Fieldtrials« (Jagdgebrauchsprüfungen) für Setter, Pointer, Spaniels und Retriever.

Dank ihrer vielseitigen Anlagen für den jagdlichen Einsatz vor und nach dem Schuß, sind die Spaniel populäre Jagdgebrauchshunde.

Die »Frieldtrials« sind in ihrem Ablauf der

Glenton Roslin-Williams zeigt mit seinem Cocker Spaniel die in England übliche Entgegennahme der Beute mit einer Hand (one hand delivery to take the rabbit) Photo: C.M. Cooke

natürlichen Jagd in Form von Treibjagden so nah wie möglich angepaßt.

Rübenfelder, eher offenes Gelände mit Hecken oder lichte Laubwälder mit Dornendikkicht, werden als Prüfgelände ausgewählt. Die einzelnen Triebe bestehen aus einer Linie (line), die sich aus 2 unangeleinten Hunden pro Richter (2–3 Richter sind in einem Trial die Regel), ihren Führern, mindestens 1 Flinte pro Richter, dem Prüfungsleiter und seinen Helfern zusammengesetzt. Während die »line« stehen bleibt, suchen (buschieren) die zwei in der Linie sich befindenden Spaniels abwechslungsweise, auf Anordnung des Richters, das Gelände in Reichweite des zu erwartenden Schrotschusses ab. Der Hund darf bei der Quersuche die imaginäre Begrenzung, die ja durch den äußersten Mann in der Linie entsteht, nicht überlaufen. Sobald er das Wild aufgemacht hat, hat er zu verharren, bis er aufgefordert wird, die erlegte Beute, meist Federwild, seltener Haarwild, so schnell wie möglich und ohne diese mit einem harten Zugriff zu verletzen, zu apportieren. Ein weiches Maul (soft mouth) ist Voraussetzung und eine der wichtigsten Charakteristika des Apportierhundes. Der Ablauf von »Fieldtrials« obliegt einer genauen Reglementierung durch den »Kennel Club«, wobei heute Regeln, die schon in den ersten »Trials« vor mehr als 90 Jahren entstanden, immer noch zur Anwendung kommen.

Die Anforderungen an die Hunde für solche Prüfungen sind sehr hoch und werden nach einem Punktsystem bewertet.

Pluspunkte:

Suchfreude, Nase, Jagdpassion (Natural Gamefinding Ability)

Selbständigkeit, Gutes Auge, Beobachtungs-gabe (Marking),

Standruhe, in jeder Situation unangeleint bei Fuß bleiben (Steadiness) und nie unaufgefordert hineinrennen (run in),

Führigkeit, Ausdauer, Stil,

Bringfreude, Wendigkeit, Geschicklichkeit und Sorgfalt beim Apportieren von Wild, Wasserfreudigkeit.

Fehler:

Unruhe, Unaufmerksamkeit

mangelhaftes »marking«

knautschen (mouthing)

mangelhafter Appell

lautes Benehmen des Hundeführers

Eliminationsgründe:

Ein hartes Maul (hard mouth), daß das Wild verletzt,

Winseln oder Bellen,

Außer Kontrolle des Führers,

Wasserscheuheit (Verweigerung ins Wasser zu gehen),

Verweigerung des Apportierens,

Beutewechsel während des Apportierens,

ohne Aufforderung reinrennen (run in),

Aggressivität gegenüber Menschen oder Hunden.

Als Jagdgebrauchshund findet der Spaniel auf den großen Jagden tagelange Einsätze. Dank seiner Robustheit, Zuverlässigkeit und Unkompliziertheit, ist er der geschätzte und unentbehrliche Helfer bei solchen Anlässen.

Englisch Springer Spaniel in voller Aktion. Photo: T. Schmid

Für jeden Hundeführer ist es eine große Ehre, wenn er mit seinem Hund zur Teilnahme eingeladen wird.

In der *Schweiz, Deutschland* und *Österreich* mit ihren dichten Wäldern und dem oft unübersichtlichen Gelände in den Jagdrevieren, erfreut sich der Spaniel, dank seiner vielseitigen Anlagen, großer Beliebtheit bei der Jägerschaft. Mit der Verstädterung und Industralisierung und dem Ausbau der Straßennetze wurden auch die ehemals großen Jagdreviere und ihre Art der Bejagung betroffen. Die Jagd mit der Brake wurde vielerorts schwierig, und man entdeckte den Spaniel als idealen Begleiter für die heute praktizierte Art der Bejagung.

Kindliche Freundschaft. Engl. Springer Junghündin und Kitzbock. Photo: T. Schmid

Es hat sich im Laufe der Jahre gezeigt, daß ein spur- oder sichtlauter Hund eine große Hilfe sein kann. Diese Anlage wurde bei uns systematisch in der Zucht berücksichtigt, obwohl sie im Mutterland, außer beim »Sussex Spaniel«, unerwünscht war. In den genannten Ländern kann eine Anlage- oder Gebrauchsprüfung nur von nachgewiesenermassen lauten Spaniels bestanden werden.

Heute erwartet man von einem jagdlich arbeitenden Spaniel, daß er unermüdlich und selbständig ein bestimmtes Gebiet bogensicher nach Wild absucht und wenn fündig, dieses aufmacht und spur- oder sichtlaut, verfolgt. Von ihm wird erwartet, daß er sich nicht weit vom Trieb entfernt und die Suche unaufgefordert wieder aufnimmt. Der Spaniel durchsucht jede Art von Dickicht, Gebüsch und Schilf. Er zeichnet sich durch seine hervorragende Nase, seinen unermüdlichen Suchwillen, seine Spursicherheit, seine Bringfreude und seine Wasserfreude aus.

Anleitungen zur Ausbildung des Spaniels für den Jagdgebrauch findet der Leser in der Fachliteratur. In diesem Buch kann nur in groben Zügen vermittelt werden, was für Anlagen der Spaniel mitbringt, und wie der Welpenbesitzer diese spielerisch fördern kann, sollte er eine systematische Ausbildung seines Hundes anstreben.

Basisübungen für den späteren Jagdgebrauch

Fördern des Bring- und Stöbertriebes: Der Welpe wird bei seinem neuen Besitzer von der ersten Minute an alle möglichen und unmöglichen Gegenstände in den Fang nehmen. Jetzt ist es wichtig, daß man alles, was der Welpe bringt, lobend entgegen nimmt, damit er so schnell wie möglich die Verknüpfung macht, daß er alles, was er aufnimmt, auch wieder geben muß (Teamwork Hund – Mensch). Dabei ist es äußerst wichtig, daß wir den apportierten Gegenstand sanft entgegen nehmen, denn es ist unbedingt zu verhindern, daß sich ein »hartes Maul« entwickeln könnte.

Urs Ochsenbein behandelt in seinem Buch *Der neue Weg der Hundeausbildung*, erschienen im Albert Müller Verlag Rüschlikon, die Grundlagen und den Aufbau des Apportierens sehr genau. Seine Methode ist für die Ausbildung des zukünftigen Jagdgebrauchshundes zu empfehlen. Wichtig ist, daß der Junghund nie überfordert wird, und daß in seinen ersten Lebensmonaten die ersten Übungen nur spielerisch und nie mit Druck gemacht werden sollten.

Susan Scales empfiehlt in ihrem Buch *Retrievertraining the modern way* für den Anfang einen weichen Gegenstand wie Handschuhe, Socken oder ähnliches, aber nie ein Spielzeug des Welpen. Man wirft den Gegenstand einige Meter weit weg – der Welpe wird ihm fast immer nachrennen, ihn aufnehmen und damit wieder zurückkommen. Bevor nun der Gegenstand dem Welpen abgenommen wird, lobt man ihn für das Herankommen, streichelt ihn und nimmt ihm den Gegenstand erst dann sanft aus dem Fang. Wenn der Welpe nicht sofort kommt, gibt es mehrere Möglichkeiten, um ihn zu sich zu locken. Man kann wegrennen, oder sich auf den Boden setzen oder legen, usw. Welche Methode auch immer angewendet wird, ist individuell, je nach Anlage und Tagesform des Welpen, das Ziel aber sollte immer die Apportierfreude im Zusammenspiel Mensch – Hund sein. Es sollten pro Tag nie mehr als 2–3 Übungen gemacht werden, wobei zu beachten ist, daß die Letzte immer ein Erfolg sein sollte. Später kann man den weichen Gegenstand mit einem »Dummy«, einem weichen Sack aus Canvas, ersetzen. Dieses Apportiergerät englischer Herkunft kann man beim Spezialclub beziehen.

Vom Spaniel als Jagdgebrauchshund wird erwartet, daß für ihn kein Dickicht und kein Dornengestrüpp ein unüberwindbares Hindernis sein darf, und daß er seine »Beute« auf dem schnellsten und direktesten Weg bringt. Deshalb gewöhnt man schon den Welpen auf dem Spaziergang durch den Wald langsam an Dickicht, und lehrt ihn so auf spielerische Weise, was später ein absolutes »Muß« sein soll.

Versteckspiele mit der ganzen Familie sind ideale Hilfen und fördern die Mensch – Hund-

Cocker Spaniel apportiert die Ente aus tiefem Wasser.
Photo: U. Ochsenbein

86

beziehung kolossal.

Wer mit seinem zukünftigen Begleiter jagdlich arbeiten will, wendet sich mit Vorteil an den Züchter, der seine Zuchttiere ebenfalls jagdlich führt und bei der Wahl der Zuchtpartner die Arbeitsanlagen sorgfältig berücksichtigt.

Die meisten englischen Ausbilder empfehlen, mit dem gezielten, jagdlich ausgerichteten Training nicht vor dem achten, neunten Lebensmonat zu beginnen, wobei der Hund als Bedingung bereits einen zuverlässigen Gehorsam zeigen sollte.

Wenn der Hund diese Stufe erreicht hat, wendet man sich an die Spezialclubs in der Schweiz, Deutschland oder Österreich, die regelmäßig Jagdtrainings und Prüfungen durchführen. Dort wird im Beisein von Fachleuten geübt, wobei dem korrekten Aufbau und dem korrekten Ausführen der gezielten Übungen, zuerst mit dem »Dummy«, später mit kaltem Wild, zuerst ohne Schuß, später mit Schuß, viel Beachtung geschenkt wird. Der Hund lernt systematisch nach der Pfeife und nach Handzeichen zu arbeiten, damit er auch auf Distanz eingewiesen werden kann und jederzeit unter Kontrolle des Führers bleibt.

Jagdprüfungen für die Schweiz, Deutschland und Österreich

Jugendprüfung (JP)
Anlageprüfung (AP)
erweiterte Anlageprüfung (EAP)
Gebrauchsprüfung (GP)

In Deutschland existiert noch die Auslesezuchtprüfung und die Siegerprüfung.

Schweißprüfung (Übernachtfährte)

Der Spaniel eignet sich gut zur Nachsuche im

Schweissarbeit. Vor der Nachsuche wartet der Hund ruhig, während sein Führer den verbrochenen Anschuss begutachtet.

Der als Schweißhund abgeführte Cocker Spaniel arbeitet die Wundfährte konzentriert am langen Riemen.

87

Jagdgebrauch. Die Schweißprüfung kann innerhalb einer Jagdgesellschaft, oder im Spezialclub, durchgeführt werden. In der Schweiz ist die TKJ, die Technische Kommission für das Jagdhundewesen, zuständig.

In Deutschland übernimmt der Deutsche Jagdgebrauchshundeverband diese Aufgabe.

Teil XI

Der Spaniel als Helfer des Menschen

von Urs Ochsenbein

Der Drogenspürhund

Die außerordentliche Riechleistung, seine große Lernfähigkeit und sein Sozialverhalten, lassen den Hund zum Helfer des Menschen werden. Als ehemaligem Rudeltier ist es dem Hund möglich, sich in die Partnerschaft mit dem Menschen einzufügen.

Als Helfer bei der Jagd wird der Hund seit Jahrtausenden verwendet. Dies geschieht in verschiedenster Weise und unter mannigfaltigen Bedingungen. Erstaunlich ist, daß sich der Hund dem Wandel der Methoden stets anzupassen wußte. Heute noch ist er bei der Jagd unentbehrlich. In neuester Zeit wurde die Spürnase des Hundes für einige weitere Bereiche, z.B. als Drogenspürhund, entdeckt und erfolgreich zur Anwendung gebracht.

Inmitten modernster Technik wird er auf Flugplätzen eingesetzt, dieser lebende Geruchsdetektor auf vier Beinen. Und er arbeitet überaus erfolgreich. Die irrige Meinung, daß diese Hunde zuerst süchtig gemacht werden, damit sie unter dem Druck der Entzugserscheinungen so intensiv nach Drogen suchen, ist wohl nie ganz aus der Welt zu schaffen. Dabei gilt für den Hund wie für den Menschen, daß süchtige Individuen zu einer zuverlässigen Arbeit nicht zu gebrauchen sind. Voraus-

zugehen hat somit auch hier ein seriöses Training mit gesunden und gut veranlagten Hunden. Der Drogenhund muß über eine gute Wesenssicherheit verfügen, hat er sich doch auf allen möglichen Böden, wie zwischen Einrichtungsgegenständen und gestapelten Waren zu bewegen, ohne sich abschrecken zu lassen.

Die eigentliche Ausbildung kann unter Verwendung irgendeines Duftstoffes erfolgen. Später läßt sich dann immer noch zum gewünschten Drogenstoff übergehen. Man wirft Textilstücke oder festere, poröse Gegenstände zum Suchen aus, denen jener Duft anhaftet. Das wird spielerisch geübt, bis der Hund eine wahre Suchlust und Apportierwut entwickelt. Gezielt angewandtes Lob spielt dabei eine entscheidende Rolle. Findet der Hund schließlich den speziellen Duft aus vielen anderen Düften sicher heraus, und apportiert er freudig den damit behafteten Gegenstand, kann mit dem Anzeigen ohne Apportieren begonnen werden. Das ist für den Hundeführer nicht einfach, weil schon die Suche an sich das Tier derart freudig erregt, daß die Steigerung dieser Erregung im Moment des Auffindens der Droge nur dem geschulten Beobach-

Der Drogenspürhund, ein Cocker Spaniel der Kantonspolizei Zürich beim Absuchen eines Touristikfahrzeuges. Auf dem Bild sieht man die klare Anzeige des unter der Stoßstange sich befindenden Drogenpaketes.

ter nicht entgeht. Beim Üben kennt der Hundeführer das Versteck vorerst genau, damit er das Erfassen der Veränderung im Verhalten seines fündig gewordenen Hundes trainieren kann. Um noch zuverlässiger zum Ziel zu gelangen, wird dem Spürhund mit Vorteil das Anzeigen mit der scharrenden Pfote beigebracht. Manche Hunde gehen auch selbst dazu über, weil diese Bewegung dem Milchtritt des Welpen entspricht, wenn er die Zitze seiner Mutter aufgefunden hat und so zum Saugen gelangt. Deshalb ist das Pfotenzeichen, verbunden mit dem Verharren am Fundort, die sicherste und am meisten verwendete Form des Anzeigens.

Zwei Beispiele mögen die Arbeit des ausgebildeten Drogenspürhundes erläutern. Im ersten Fall hatte ein sich sicher fühlender Ganove die Polizei selbst aufgefordert, eine Durchsuchung seiner Wohnung vorzunehmen. Vor dem Eintreffen der Suchequipe hatte er noch schnell einen Blick in das Tiefkühlfach seines Kühlschrankes geworfen, wo der Stoff seiner Meinung nach so stark unterkühlt lagerte, daß ein Aufspüren nicht zu befürchten war. Aber der Hund drängte sich sogleich zum Kühlschrank und zeigte die Droge richtig an. Der Delinquent hatte nicht bedacht, daß beim Öffnen des Fachs infolge des erheblichen Temperaturunterschiedes eine starke Luftumwälzung entstand, die den Drogengeruch in den Raum transportierte.

Der zweite Fall zeigt, wie entscheidend auch hier die Erfahrung des Führers war. Er muß seinen Hund kennen und Vertrauen in dessen Arbeit setzen. In einer Wohngemeinschaft war alles erfolglos abgesucht worden, und der betreffende Hundeführer verließ eben das Haus, als er sich daran erinnerte, daß die

Hündin Interesse am Kehrichtkübel bekundet hatte. Da er ihren Hang zur Gefräßigkeit kannte, hatte er sie spontan weggewiesen. »War das richtig?« fragte sich der Polizist nun. Zur Abklärung wandte er sich ins Haus zurück, wo die brave Hündin zielbewußt den Kehrichteimer anging und die im Abfall versteckte Droge ans Tageslicht beförderte.

Von der Belastbarkeit des Gebrauchshundes

Wir haben bei der oben dargestellten Form der Gebrauchshundearbeit und im Jagdgebrauch darauf hingewiesen, daß es unter anderem die große Belastbarkeit dieser Rassen ist, die den Spaniel zum zuverlässigen Helfer des Menschen macht.

Nun ist auch der bestveranlagte Hund nur unter bestimmten Bedingungen in der Lage, eine Ausbildung in diesen Bereichen zu verkraften und zum tüchtigen und verläßlichen Helfer zu werden.

Einmal ist eine seriöse Zucht dieser Tiere vorauszusetzen, die sich nicht nur auf die äußere Erscheinung konzentriert, sondern ebenso der charakterlichen Veranlagung die nötige Aufmerksamkeit schenkt. Ohne diese gelingt es auf lange Zeit nicht, Spaniels zu produzieren, die ihrem Ruf als wesensfeste und belastbare Tiere gerecht werden.

Zum anderen müssen sich die Züchter ihrer Verantwortung für die Wesensbildung während der Aufzucht bewußt sein und entsprechende Vorkehrungen treffen. Denn bis etwa zur zwölften Lebenswoche ist der Welpe so unerhört aufnahmefähig wie später nie mehr.

Man spricht von einer Prägungsphase. Das heißt, daß alles, was der Welpe in einer Zeitspanne erlebt, sich ihm tief einprägt und ihm auch nach der Geschlechtsreife vertraut sein wird. Was ihm aber während dieser Lebensphase und in den darauf folgenden ersten paar Wochen beim neuen Besitzer nicht begegnet, womit er nicht konfrontiert ist, und das er somit auch nicht erlebt, wird ihn später immer verunsichern. Hat beispielsweise ein Welpe in dieser Lebensphase kaum je Kontakte zu Fremdpersonen, und zu Kindern, wird er sich ihnen gegenüber als erwachsenes Tier stets unsicher oder unwohl fühlen. Je nach seiner Grundlage wird er dann ausweichen oder aber aggressiv auf sie reagieren. Dabei macht der Spaniel keine Ausnahme.

Dem Züchter obliegt somit die Auflage, seinen Welpen ein Umfeld zu bieten, das mit allen jenen Geräuschen und Objekten belebt ist, die sich in etwa beim neuen Besitzer ergeben werden.

Züchter, die diese Aufgabe aus Unkenntnis oder Bequemlichkeit nicht akzeptieren und ihr nicht tatkräftig gerecht werden, bringen selbst aus diesen begabten Rassen nicht jene Tiere hervor, von denen in diesem Kapitel die Rede war. Sie werden aber auch nicht Spaniels hervorbringen, die als Familienhund ein vorzügliches Verhalten an den Tag legen werden, wie es ihnen bei fachgerechter Förderung im Welpenalter eigentlich möglich gewesen wäre.

Der Käufer eines Spaniel-Welpen (wie jeden anderen Hundes) sollten sich merken, daß jene Mängel, die sich infolge eines allzu sterilen Umfeldes während der Prägungsphase später ergeben, beim Welpen, den sie übernehmen, noch nicht in Erscheinung treten.

Das geschieht erst in der Folge der Reifung zum erwachsenen Tier.

Wer sich also in dieser Beziehung vorsehen will, besucht mit Vorteil die Zuchtstätte und überzeugt sich selbst davon, ob hier die Welpen genügend Erfahrung sammeln können, um später in erwünschter Weise wesensfest und belastbar zu sein. Jeder gute Züchter wird potentielle Käufer herzlich willkommen heißen, denn ihr Besuch ist für ihn ein Teil jenes Umfeldes, das er seinen Welpen zu bieten bestrebt ist.

Mit der Übernahme des Welpen geht jedoch die Verantwortung für die weitere Entwicklung des Spaniels an seinen Besitzer über. Auch er muß es sich zur Aufgabe machen, das junge Tier weiterhin zu fördern. Dies gelingt ihm dann, wenn er Verständnis für die Andersartigkeit des Hundes aufbringt. Unter dieser Voraussetzung wird sich ein harmonisches Miteinander von Mensch und Hund über Jahre ergeben.

Anhang

Die neugefaßten Standards des englischen Kennel-Club

F.C.I.-Standard Nr. 5   *2. 3. 1988/D*

Cocker Spaniel

Ursprungsland: Großbritannien

Allgemeines Erscheinungsbild: Fröhlich, robust, sportlich, gut ausgewogen, kompakt; mißt ungefähr gleich viel vom Widerrist zum Boden wie vom Widerrist zur Schwanzwurzel.

Charakteristika: Fröhliches Wesen mit unermüdlichem Rutenspiel, zeigt eine typische eifrige Bewegung, hauptsächlich beim Folgen einer Spur, unerschrocken in unwegsamem Dickicht.

Wesen: Sanft und anhänglich, jedoch voller Leben und Überschwang.

Kopf und Schädel: Quadratischer Fang mit ausgeprägtem Stopp, der in der Mitte zwischen Nasenspitze und Hinterhauptbein plaziert ist. Schädel gut entwickelt, klar gemeißelt, weder zu fein noch zu grob. Backenpartie nicht hervortretend. Nase genügend groß zur leichten Aufnahme schwacher Witterung.

Augen: Groß, aber nicht hervorstehend. Dunkelbraun oder braun, niemals hell, aber bei Leberbraunen, Leberbraunschimmeln und Leberbraun/Weißen dunkelhaselnußfarben, harmonierend mit dem Haarkleid; mit einem intelligenten und sanften Ausdruck, aber hellwach, leuchtend und fröhlich; straffe Lidränder.

Behang: Lappig, in Augenhöhe angesetzt. Leder dünn, bis zur Nasenspitze reichend.
Gut bedeckt mit langem, glattem, seidigem Haar.

Gebiß: Kräftige Kiefer mit einem perfekten, regelmäßigen und vollständigen Scherengebiß, wobei die obere Schneidezahnreihe ohne Zwischenraum über die untere greift und die Zähne senkrecht im Kiefer stehen.

Hals: Mittlere Länge, muskulös. Schön eingelassen in gut schräge Schultern. Trockener Hals.

Vorhand: Schultern schräg und trocken. Läufe von guter Knochenstärke, gerade, ausreichend kurz für konzentrierte Kraftentfaltung. Nicht zu kurz, um nicht den enormen Eifer zu beeinträchtigen, der von diesem großartigen Jagdhund erwartet wird.

Gebäude: Kräftig, kompakt. Brustkorb gut entwickelt, tiefreichendes Brustbein, weder zu breit noch zu eng in der Front. Rippen gut gewölbt. Feste, gerade Rückenlinie, Lende kurz und breit, die vom Ende bis zum Rutenansatz hin leicht geneigt ist.

Hinterhand: Breit, gut gerundet, sehr muskulös. Läufe von guter Knochenstärke. Gut gewinkeltes Kniegelenk, unter dem Sprunggelenk kurz, wodurch viel Schub ermöglicht wird.

Pfoten: Fest, dick gepolstert, der Katzenpfote ähnlich.

Gangwerk/Bewegung: Einwandfreie Aktion, mit viel Schub und Raumgriff.

Rute: Etwas unterhalb der Rückenlinie angesetzt. Muß fröhlich bewegt und gerade getragen werden, niemals in die Höhe gerichtet.

Herkömmlicherweise kupiert, aber nie zu kurz, daß sie sich dem Blick entzieht, noch zu lang, daß die unermüdliche, fröhliche Bewegung beim Arbeiten beeinträchtigt wird.

Haarkleid: Glatt, seidige Beschaffenheit, niemals drahtig oder wellig, nicht zu reichlich und niemals lockig. Gebäude, Vorderläufe und Hinterläufe über dem Sprunggelenk gut befedert.

Farbe: Verschiedene. Bei Einfarbigen kein Weiß erlaubt außer an der Brust.

Größe: Ungefähre Höhe: Rüden 39–41 cm (15½–16 ins); Hündinnen 38–39 cm (15–15½ ins). Ungefähres Gewicht: 28–32 lbs (= 12,5–14,5 kg).

Fehler: Jede Abweichung von den vorgenannten Punkten sollte als Fehler angesehen werden, dessen Bewertung im genauen Verhältnis zum Grad der Abweichung stehen sollte.

Anmerkung: Rüden sollten zwei offensichtlich normal entwickelte Hoden aufweisen, die sich vollständig im Skrotum befinden.

F.C.I. -Standard Nr. 125   2.3.1988/D

English Springer Spaniel

Ursprungsland: Großbritannien
Allgemeines Erscheinungsbild: Symmetrisch gebaut, kompakt, kräftig, fröhlich, lebhaft. Von allen britischen Landspaniels am höchsten auf den Läufen und am rassigsten im Körperbau.

Charakteristika: Die Rasse ist alten und reinen Ursprungs, älteste der Jagdhundrassen. Ursprünglicher Zweck war das Finden und Aufjagen des Wildes bei der Netzjagd, der Jagd mit dem Falken oder dem Greyhound. Wird jetzt gebraucht um Wild zu finden, hochzumachen und nach dem Schuß zu apportieren.

Wesen: Freundlich, unbekümmert, gehorsam. Ängstlichkeit und Aggressivität höchst unerwünscht.

Kopf und Schädel: Schädel von mittlerer Länge, verhältnismäßig breit, leicht gerundet, vom Fang an ansteigend, Augenbrauenwülste oder einen Stopp bildend, geteilt durch eine Furche zwischen den Augen, vom Vorkopf zum Hinterhauptbein auslaufend, dieses darf nicht hervortreten. Backenpartie flach. Fang im richtigen Längenverhältnis zum Schädel, verhältnismäßig breit und tief, gut gemeißelt unter den Augen, Lefzen mäßig tief und quadratisch. Nasenlöcher gut entwickelt.

Augen: Mittlere Größe, mandelförmig, nicht hervorstehend oder tiefliegend, gut eingesetzt (keine Nickhaut zeigend), wachsamer, freundlicher Ausdruck. Dunkelhaselnußbraun. Helle Augen unerwünscht.

Behang: Lappig, gute Länge und Breite, ziemlich gut am Kopf anliegend, in Augenhöhe angesetzt. Schön befedert.

Gebiß: Kräftige Kiefer mit einem perfekten, regelmäßigen und vollständigen Scherengebiß, wobei die obere Schneidezahnreihe ohne Zwischenraum über die untere greift und die Zähne senkrecht im Kiefer stehen.

Hals: Gute Länge, kräftig und muskulös, keine lose Kehlhaut, leicht gebogen, sich zum Kopf hin verjüngend.

Vorhand: Vorderläufe gerade, von guter Knochenstärke. Ellbogen gut am Gebäude anliegend. Starker, biegsamer Vordermittelfuß.

Gebäude: Kräftig, weder zu lang noch zu kurz. Tiefer Brustkorb, gut entwickelt. Gute

Rippenwölbung. Lende muskulös, kräftig, leicht gewölbt und kurz.

Hinterhand: Hinterläufe gut herabgelassen. Knie- und Sprunggelenke gut, aber nicht übertrieben gewinkelt. Oberschenkel breit, muskulös und gut entwickelt. Plumpe Sprunggelenke unerwünscht.

Pfoten: Geschlossen, kompakt, gut gerundet, mit starken, gepolsterten Ballen.

Gangwerk/Bewegung: Von völlig eigener Art. Vorderläufe schwingen gerade aus der Schulter heraus, wobei die Pfoten in einer freien, leichten Art gut nach vorne geworfen werden. Sprunggelenke schwingen gut unter das Gebäude, der Vorhand in einer Linie folgend. Bei langsamer Gangart kann er den für diese Rasse typischen Paßgang zeigen.

Rute: Niedrig angesetzt, niemals über der Rückenlinie getragen. Gut befedert, lebhaft bewegt. Herkömmlicherweise kupiert.

Haarkleid: Dicht, glatt und wetterresistent, niemals grob. Mäßige Befederung an Behang, Vorderläufen, Gebäude und Hinterhand.

Farbe: Leberbraun/Weiß, Schwarz/Weiß oder jede dieser Farben mit Loh-Abzeichen.

Größe: Ungefähre Höhe: 51 cm (20 ins).

Fehler: Jede Abweichung von den vorgenannten Punkten sollte als Fehler angesehen werden, dessen Bewertung im genauen Verhältnis zum Grad der Abweichung stehen sollte.

Anmerkung: Rüden sollten zwei offensichtlich normal entwickelte Hoden aufweisen, die sich vollständig im Skrotum befinden.

Amerikanischer Cocker

Ursprungsland: Vereinigte Staaten von Amerika (USA)

Allgemeine Erscheinung: Der Amerikanische Cocker Spaniel ist das kleinste Mitglied in der Gruppe der Jagdhunde. Er hat ein kräftiges, kompaktes Gebäude und einen edel gemeißelten Kopf, insgesamt ein völlig ausgeglichener Hund von idealer Größe. Er steht gut aufgerichtet auf geraden Vorderläufen, wobei die Rückenlinie leicht abfällt hin zur stark bemuskelten Hinterhand. Er ist ein Hund, tauglich zu beträchtlicher Schnelligkeit, verbunden mit großer Ausdauer. Vor allem muß er ungezwungen und fröhlich sein, gesund, insgesamt ausgeglichen und in der Bewegung eine große Neigung zur Arbeit zeigen; gleichmäßig im Temperament, ohne Anzeichen von Ängstlichkeit.

Kopf: Ein gut proportionierter Kopf, der zum Gesamtbild passen muß, vereinigt in sich folgendes:

Schädel: Gerundet, aber nicht übertrieben, ohne Tendenz zur Flachheit. Die Augenbrauen (Augenbögen) sind deutlich erkennbar, mit ausgeprägtem Stopp. Der Knochenbau unterhalb der Augen ist gut gemeißelt ohne Hervortreten der Backen.

Fang: Breit und tief mit starkem, gleichmäßigem Kiefer. Die Lefzen sind voll und von genügender Tiefe, um den Unterkiefer zu überdecken. Ausgeglichenheit besteht dann, wenn der Abstand vom Stopp zur Nasenspitze die Hälfte des Abstandes vom Stopp über den Scheitel zur Basis des Schädels beträgt.

Zähne: Kräftig und gesund, nicht zu klein, Scherengebiß.

Nase: Genügend groß, passend zum Fang, mit gut entwickelten Nasenlöchern, typisch für einen Jagdhund. Von schwarzer Farbe bei Schwarzen und Schwarzen mit Loh. Bei anderen Farben kann die Farbe der Nase braun, leberfarben oder schwarz sein, je dunkler, je besser. Die Farbe der Nase harmoniert mit der Farbe des Lidrandes.

Augen: Die Augäpfel sind rund und voll, der Blick ist geradeaus gerichtet. Die Form der Lidränder geben ein geringes mandelförmiges Aussehen. Das Auge liegt weder tief, noch tritt es hervor. Die Farbe der Iris ist dunkelbraun, je dunkler, je besser. Der Ausdruck ist intelligent, wach, sanft und ansprechend.

Behang: Lappig, lang, von feinem Leder, gut behaart, nicht oberhalb der Linie der unteren Augenpartie angesetzt.

Hals und Schultern: Hals genügend lang, um zu ermöglichen, daß die Nase den Boden leicht erreicht, muskulös und ohne herabhängende Kehlhaut. Er steigt kräftig aus der Schulterpartie auf, geringfügig konisch zulaufend bis zur Verbindung mit dem Kopf. Die Schulterblätter sind schräggelagert und bilden mit dem Oberarm einen Winkel von annähernd 90 Grad, was dem Hund auf leichte Weise einen beträchtlichen Vortritt erlaubt. Schultern klar, schräg, ohne hervorzutreten und so gelagert, daß die oberen Punkte des Widerristes einen Winkel bilden, der einen weiten Rippenbogen erlaubt.

Gebäude: Das Gebäude ist kurz, kompakt und fest zusammengefügt, einen Eindruck von Stärke gebend. Der Abstand vom Widerrist zum Boden ist 15% oder annähernd 5 cm mehr als die Länge vom Widerrist zum Rutenansatz. Der Rücken ist kräftig und gleichmäßig leicht abfallend von den Schultern zum Ansatz der kupierten Rute. Die Hüften sind breit und die Kruppe gut gerundet und muskulös. Tiefer Brustkorb, sein unterster Punkt ist höher als die Ellenbogen, vorne genügend breit, für ausreichenden Platz von Herz und Lunge, jedoch nicht so breit, daß die gerade Bewegung der Vorderläufe gestört wird. Rippen tief und gut gewölbt. Der Cocker Spaniel darf niemals lang und niedrig erscheinen.

Rute: Die kupierte Rute wird in einer Linie mit der Oberlinie des Rückens oder gering höher getragen, niemals aufgerichtet wie bei einem Terrier und niemals so tief, daß es auf Ängstlichkeit hinweist. In der Bewegung ist die Aktion der Rute fröhlich (merry).

Läufe und Pfoten: Vorderläufe gerade, starkknochig und muskulös, dicht am Gebäude und gut unter dem Schulterblatt stehend. Bei der Betrachtung von der Seite und bei senkrechter Stellung der Vorderläufe steht der Ellenbogen lotrecht zum höchsten Punkt der Schulterblätter. Kurzer und kräftiger Vordermittelfuß. Die Hinterläufe sind starkknochig und bemuskelt mit gut gewinkelten Kniegelenken und kräftigen, klar abgrenzbaren Schenkeln. Das Kniegelenk ist stark und ohne Abweichung in der Bewegung und im Stand. Die Sprunggelenke sind stark, gut heruntergelassen, in der Bewegung und im Stand parallel verbleibend.

Pfoten: Kompakt, groß, rund und fest mit hornartigen Ballen, nicht ein- oder auswärts gedreht. Seitenkrallen an den Vorder- und Hinterläufen können entfernt sein.

Haarkleid: Auf dem Kopf kurz und fein, am Gebäude von mittlerer Länge mit genügend Unterhaar zum Schutz. Behang, Brust, Bauch und die Rückseiten der Läufe sind gut befedert, jedoch nicht so übermäßig, daß die wahren Linien des Amerikanischen Cocker Spaniels verdeckt, die Bewegung oder sein Erscheinungsbild und seine Aufgabe als Jagdhund beeinträchtigt werden. Die Beschaffenheit (des Haares) ist sehr wichtig. Das Haarkleid ist seidig, glatt oder gering gewellt und von einer Beschaffenheit, welche leichte Pflege erlaubt. Übermäßiges, lockiges oder wollig beschaffenes Haarkleid ist zu bestrafen.

Farbe und Farbmarkierungen: *Schwarze:* Einfarbig Schwarze einschließlich Schwarze mit Loh-Abzeichen. Das Schwarz sollte pechschwarz sein; braune oder leberbraune Schattierungen im Glanz des Haarkleides sind unerwünscht. Etwas Weiß an der Brust und/oder Hals ist erlaubt, weiß an jeder anderen Stelle soll disqualifizieren. *Andere Einfarbige außer Schwarze:* Andere Einfarbige außer Schwarze und andere Einfarbige mit Loh-Abzeichen. Die Farbe soll von einheitlicher Tönung sein, eine hellere Befederung ist jedoch erlaubt. Etwas Weiß an der Brust und/oder Hals ist erlaubt, weiß an jeder anderen Stelle soll disqualifizieren. *Mehrfarbige:* Zwei oder mehr klare, gut voneinander abgegrenzte Farben, eine von diesen muß weiß sein, einschließlich solcher mit Loh-Abzeichen. Es ist wünschenswert, daß die Loh-Abzeichen sich an denselben Stellen befinden wie bei den Schwarzen und den anderen Einfarbigen. Schimmel sind bei den Mehrfarbigen einzuordnen, sie können jede der herkömmlichen Schimmelzeichnungen haben. Neunzig Prozent (90%) oder mehr einer Grundfarbe soll disqualifizieren. *Loh-Abzeichen:* Die Farbe des Lohs kann vom hellsten Creme bis zum dunkelsten Rot reichen und sollte beschränkt sein auf zehn Prozent (10%) oder weniger der Farbe des

betreffenden Cockers; mehr als zehn Prozent soll disqualifizieren. Die Loh-Abzeichen bei Schwarzen oder anderen Einfarbigen sollen sich an folgenden Stellen befinden:

(1) Ein deutlicher Punkt über jedem Auge.
(2) An den Seiten des Fanges und an den Backen.
(3) An den Unterseiten des Behanges.
(4) An allen Pfoten und /oder Läufen.
(5) Unter der Rute.
(6) An der Brust; freigestellt, Vorhandensein oder Fehlen ist nicht zu bestrafen.

Loh-Abzeichen, welche nicht ohne weiteres zu sehen oder kaum aufzufinden sind, sollen bestraft werden. Loh am Fang, das sich nach oben derart ausdehnt, daß es sich verbindet, soll ebenfalls bestraft werden. Das Fehlen von Loh-Abzeichen bei den Schwarzen oder anderen Einfarbigen an einer der spezifischen Stellen bei einem sonst die Loh-Abzeichen aufweisenden Hund soll disqualifizieren.

Bewegung: Der Cocker Spaniel, wenn auch der kleinste der Jagdhunde, muß die typische Gangart eines Jagdhundes besitzen. Voraussetzung für eine gute Gangart ist die Übereinstimmung zwischen der Vor- und Hinterhand. Er »treibt an« mit seiner starken, kraftvollen Hinterhand und ist im Bereich von Schulter und Vorhand so gebaut, daß er ungehemmt ausgreifend vorwärts läuft, um den Schub aus der Hinterhand auszugleichen (auszunutzen). Zusammengefaßt: seine Gangart ist koordiniert, mühelos und geschmeidig. Der Hund muß sich raumgreifend bewegen (auf dem Boden bleiben). Übertriebene Munterkeit soll niemals mit einer korrekten Gangart verwechselt werden.

Höhe: Die ideale Höhe, gemessen am Widerrist, ist für einen ausgewachsenen Rüden

38,10 cm (15 inch.) und für die ausgewachsene Hündin 35,56 cm (14 inch.). Die Höhe mag um 1,27 cm (½ inch.) nach oben oder unten abweichen. Bestraft werden sollen Rüden über 39,37 cm und Hündinnen über 36,83 cm. Bestraft werden sollen Rüden unter 36,83 cm (14½ inch.) und Hündinnen unter 34,29 cm (13½ inch.).

Anmerkung: Die Höhe wird bestimmt an einer senkrechten Linie, die an den höchsten Stellen der Schulterblätter beginnt und auf dem Boden endet, bei natürlicher Stellung der Vorderläufe und paralleler Stellung der Hintermittelfüße zur Meßlinie.

Disqualifikationen

Farbe und Farbmarkierungen: *Schwarze:* Weiße Abzeichen, außer an Brust und Hals. *Andere Einfarbige außer Schwarze:* Weiße Abzeichen, außer an Brust und Hals. *Mehrfarbige:* Neunzig Prozent (90%) und mehr einer Grundfarbe. *Loh-Abzeichen:* (1) Wenn mehr als zehn Prozent (10%). (2) Fehlen von Loh-Abzeichen bei Schwarzen oder anderen Einfarbigen an einer der spezifischen Stellen bei einem sonst die Loh-Abzeichen aufweisenden Hund.

Höhe: Rüden über 15½ inches (39,5 cm); Hündinnen über 14½ inches (37 cm).

Anmerkung: Rüden sollten zwei offensichtlich normal entwickelte Hoden aufweisen, die sich vollständig im Skrotum befinden.

Clumber Spaniel

Ursprungsland: Großbritannien

Allgemeines Erscheinungsbild: Gut ausgewogen, starkknochig, lebhaft, mit einem nachdenklichen Ausdruck. Seine gesamte Erscheinung drückt Kraft aus.

Charakteristika: Unerschütterlich, großmütig, hochintelligent, mit einer ihm eigenen Körperhaltung, die seine natürliche Anlage betont. Ein stummer Arbeiter mit einer ausgezeichneten Nase.

Wesen: Beharrlich, zuverlässig, freundlich, erhaben, zurückhaltender als andere Spaniels, keine Neigung zur Aggressivität zeigend.

Kopf und Schädel: Quadratisch, mächtig, mittlere Länge, oben breit mit ausgeprägtem Hinterhauptbein, schwere Augenbrauenpartie, tiefer Stopp. Schwerer, quadratischer Fang mit gut entwickelten Lefzen. Ohne Übertreibungen an Kopf und Schädel.

Augen: Klar, dunkle Bernsteinfarbe, etwas tiefliegend, etwas Nickhaut zeigend, aber ohne Übertreibung. Große, helle Augen höchst unerwünscht.

Behang: Groß, weinblattförmig, gut bedeckt mit glattem Haar. Etwas nach vorne herabhängend, Befederung nicht über das Leder hinausreichend.

Gebiß: Kräftige Kiefer mit einem perfekten, regelmäßigen und vollständigen Scherengebiß, wobei die obere Schneidezahnreihe ohne Zwischenraum über die untere greift und die Zähne senkrecht im Kiefer stehen.

Hals: Mäßig lang, dick, kraftvoll.

Vorhand: Schultern kräftig, schräg, muskulös. Läufe kurz, gerade, gute Knochenstärke.

Gebäude: Lang, schwer, bodennah. Tiefer Brustkorb. Gut gewölbte Rippen. Rücken gerade, breit, lang. Muskulöse Lendenpartie, gut herabreichende Flanken.

Hinterhand: Sehr kraftvoll und gut entwickelt. Sprunggelenke tief. Kniegelenke gut gewinkelt und gerade gestellt.

Pfoten: Groß, rund, gut mit Haar bedeckt.

Gangwerk/Bewegung: Rollender Gang, entsprechend dem langen Gebäude und den kurzen Läufen. Bewegung vorn und hinten gerade, mit mühelosem Schub.

Rute: Niedrig angesetzt, gut befedert, in Höhe der Rückenlinie getragen.

Haarkleid: Reichlich, dicht, seidig und glatt. Läufe und Brust gut befedert.

Farbe: Bevorzugt einfarbig weißes Gebäude mit zitronefarbenen Abzeichen, orangefarbene Abzeichen zulässig. Geringfügige Abzeichen am Kopf und gesprenkelter Fang.

Größe: Ideales Gewicht: Rüden 36,5 kg (80 lbs); Hündinnen: 29,5 kg (65 lbs). – Anmerkung zur Übersetzung: Der Original-Standard enthält keine Größenangaben.

Fehler: Jede Abweichung von den vorgenannten Punkten sollte als Fehler angesehen werden, dessen Bewertung im genauen Verhältnis zum Grad der Abweichung stehen sollte.

Anmerkung: Rüden sollten zwei offensichtlich normal entwickelte Hoden aufweisen, die sich vollständig im Skrotum befinden.

F.C.I.-Standard Nr. 123　　　*2. 3. 1988/D*

Field Spaniel

Ursprungsland: Großbritannien

Allgemeines Erscheinungsbild: Gut ausgewogen, edel, tüchtiger Jagdspaniel, gebaut für Aktivität und Ausdauer.

Charakteristika: Ideal für harte Jagdeinsätze oder als Begleiter für den Bewohner auf dem Lande. Paßt nicht in die Stadt.

Wesen: Außergewöhnlich gelehrig, lebhaft, feinfühlig, selbständig.

Kopf und Schädel: Vermittelt den Eindruck von vornehmer Herkunft, Charakter und Adel. Gut gemeißelt, Hinterhauptbein gut ausgebildet, trocken unterhalb der Augen. Eine Verdickung an dieser Stelle läßt den ganzen Kopf grob erscheinen. Etwas betonte Augenbrauenpartie. Mäßiger Stopp. Nase gut entwickelt mit gut geöffneten Nasenlöchern. Fang lang und trocken, weder spitz noch quadratisch, im Profil allmählich kehlwärts verlaufend.

Augen: Weit geöffnet aber mandelförmig; straffe Lider, keine Nickhaut zeigend. Ernst und sanft im Ausdruck. Dunkelhaselnußfarben.

Behang: Mäßig lang und breit, niedrig angesetzt und gut befedert.

Gebiß: Kräftiger Kiefer mit einem perfekten, regelmäßigen und vollständigen Scherengebiß, wobei die obere Schneidezahnreihe ohne Zwischenraum über die untere greift und die Zähne senkrecht im Kiefer stehen.

Hals: Lang, kräftig und muskulös, ermöglicht dem Hund, sein Wild ohne unnötigen Kraftaufwand zu apportieren.

Vorhand: Schultern lang, schräg und gut zurückliegend. Läufe mäßig lang; gerade, flache Knochen.

Gebäude: Tiefer und gut entwickelter Brustkorb. Rippen mäßig gewölbt. Länge des Rippenbogens beträgt ⅔ der Körperlänge. Rücken und Lende kräftig, gerade und muskulös.

Hinterhand: Kräftig, muskulös, Kniegelenke gut, aber nicht übertrieben gewinkelt. Sprunggelenke tief angesetzt.

Pfoten: Geschlossen, rund, mit starken Ballen, nicht zu klein.

Gangwerk/Bewegung: Lange, gemächliche Schritte mit großem Schub aus der Hinterhand. Kurze, schwerfällige Aktion unerwünscht.

Rute: Niedrig angesetzt und niemals über der Rückenlinie getragen. Schön befedert, lebhaft bewegt. Herkömmlicherweise um ⅓ kupiert.

Haarkleid: Lang, glatt, glänzend und von seidiger Beschaffenheit. Niemals lockig, kurz oder drahtig. Dicht und wetterfest. Reichliche Befederung an der Brust, unter dem Gebäude und an der Rückseite der Läufe, vom Sprunggelenk an abwärts ohne Befederung.

Farbe: Schwarz, Leberbraun oder Schimmel. Jede dieser Farben mit Loh-Abzeichen. Klares Schwarz/Weiß oder Leberbraun/Weiß ist unakzeptabel.

Größe: Ungefähre Schulterhöhe: 45,5 cm (18 ins). Gewicht 18 bis 25 kg (40 und 55 lbs).

Fehler: Jede Abweichung von den vorgenannten Punkten sollte als Fehler angesehen werden, dessen Bewertung im genauen Verhältnis zum Grad der Abweichung stehen sollte.

Anmerkung: Rüden sollten zwei offensichtlich normal entwickelte Hoden aufweisen, die sich vollständig im Skrotum befinden.

F.C.I.-Standard Nr. 124   *26. 5. 1988/D*

Irish Water Spaniel

Ursprungsland: Irland

Allgemeines Erscheinungsbild: Das eines eleganten, aufrechten, kräftigen, aber nicht hochläufigen Hundes; große Intelligenz und Ausdauer in sich vereinigend; Temperament: mutig und von stürmischem Eifer.

Kopf: Schädel und Fang sollten von guter Größe sein; hochgewölbtes Schädeldach, dieses von guter Länge, angemessen breit, zeugt von viel Platz für das Gehirn; Fang lang, kräftig und etwas quadratisch erscheinend mit einem allmählich ansteigenden Stopp; Vorgesicht vollkommen glatt(-haarig). Der Haarschopf sollte von langen, lose hängenden Locken gebildet werden, der in eine gut ausgebildete, zwischen den Augen liegende Spitze ausläuft. Er sollte nicht die Form einer Perücke haben, d. h. glatt und von einer Seite zur anderen verlaufen.

Augen: Verhältnismäßig klein, sehr kluger Ausdruck. Augenfarbe: dunkel-bernstein oder dunkel-haselnuß.

Nase: Groß und gut entwickelt, dunkelleberfarben.

Behang: Sehr langes lappenartiges Leder, tief angesetzt, ziemlich dicht an den Wangen anliegend, mit langen gedrehten Locken aus lebendem Haar bedeckt.

Hals: Angemessen lang, kräftig und gebogen (den Kopf gut oberhalb der Rückenlinie tragend) und kraftvoll in den Schulterbereich übergehend. Die Rückseite und die Seiten des Halses sollten mit Locken, gleich denen am Körper, bedeckt sein. Die Unterseite des Halses sollte glatt sein, die glatten Haare bilden einen V-förmigen Fleck, der vom hinteren Teil des Unterkiefers bis zum Brustbein reicht.

Schultern und Brustkorb: Sehr kraftvolle, schrägliegende Schultern, tiefer Brustkorb, obgleich großen Umfangs nicht zu breit oder zu rund zwischen den Vorderläufen, Rippen hinter den Schultern gut gewölbt.

Pfoten und Vorderläufe: Pfoten groß, etwas rund und gespreizt, sowohl über als auch zwischen den Zehen gut mit Haar bedeckt, jedoch frei von jeglicher überflüssigen Befederung. Vorderläufe gerade, mit kräftigen Knochen; lange Oberarme, die bewirken, daß die Unterarme mit Ellenbogen und Vorderfußwurzelgelenk in der Bewegung in eine gerade Linie mit dem Schultergelenk gebracht werden.

Gebäude: Sollte von guter Größe sein. Der Rücken kurz, breit und gerade, dabei kräftig in die Hinterhand übergehend. Rippen weit zurückreichend, Lendenpartie tief und breit. Der Körper als Ganzes soll so proportioniert sein, daß er einen tonnenförmigen Eindruck erweckt, welcher durch die Rippenwölbung betont wird.

Widerristhöhe: Rüden: 53 cm bis 58 cm, Hündinnen: 51 cm bis 56 cm

Hinterhand: Sehr kraftvoll, mit langen Schenkeln und gut gewinkelten Kniegelenken, tiefstehende Sprunggelenke.

Gangart: Eine charakteristische, für diese Rasse eigentümliche Gangart, anders als die aller Spanielrassen.

Rute: Kurz und glatt, kräftig und dick am Ansatz (wo sie in einer Länge von 7,5 bis 10 cm mit kurzen Locken bedeckt ist), läuft sie allmählich in eine feine Spitze aus. Sie sollte nicht bis zu den Sprunggelenken reichen und sollte gerade etwa in Höhe der Rückenlinie getragen werden.

Haarkleid: Wird von dichten, engen, krausen Ringellöckchen gebildet, dabei völlig frei von Wolligkeit, aber mit einer natürlichen Fettigkeit. Die Vorderläufe sollen rundum befedert sein, an den Vorderseiten jedoch kürzer, einen struppigen Eindruck vermittelnd; Hinterläufe vorne unterhalb der Sprunggelenke glatt, rückseitig bis zu den Pfoten befedert.

Farbe: Ein sehr sattes braunrotes Leberbraun, weiß an der Brust ist zu beanstanden.

Skala der Punkte für das Richten der Irish Water Spaniels

Positive Punkte

Kopf, Kiefer, Augen u. Haarschopf	20
Behang	10
Hals	5
Gebäude	10
Vorderläufe	7,5
Hinterläufe	7,5
Pfoten	5
Rute (einschl. Haltung)	10
Haarkleid	15
Allgemeines Erscheinungsbild	10
	100

Negative Punkte

Weiß an der Brust	5
Aufgehelltes Haarkleid	10
Helle Augen	10
Wolliges Haarkleid	20
Befederung der Rute disqualifiziert	
Befederung des Vorgesichtes disqualifiziert	
Weiß an den Pfoten disqualifiziert	
Befederung an der Vorderseite der Hinterläufe von hinten nach vorne	10
Fehlende Befederung an der Vorderseite der Vorderläufe	10

Flache Pfoten   <u>5</u>

                 70

Anmerkungen:

- Der Übersetzung liegt der Original-Standard des Irish Kennel Club zugrunde.
- Die Formatierung des Standards entspricht den Vorgaben der F.C.I.-Standard-Kommission.
- Da seitens des Irish Kennel Club im Original-Standard keine Angaben über Anzahl und Stellung der Zähne gemacht werden, geht die F.C.I.-Standard-Kommission davon aus, daß der Irish Water Spaniel über ein normales Gebiß verfügen soll, d.h. ein perfektes, regelmäßiges und vollständiges Scherengebiß, wobei die obere Schneidezahnreihe ohne Zwischenraum über die untere greift und die Zähne senkrecht im Kiefer stehen.
- Rüden sollten zwei offensichtlich normal entwickelte Hoden aufweisen, die sich vollständig im Skrotum befinden.

F.C.I.-Standard Nr. 127   *2.3.1988/D*

Sussex Spaniel

Ursprungsland: Großbritannien

Allgemeines Erscheinungsbild: Massiv, kräftig gebaut. Lebhafter, tatkräftiger Hund, dessen charakteristische Gangart ein eindeutiges Rollen ist und ganz anders ist als das der übrigen Spaniels.

Charakteristika: Natürliche Anlage zur Arbeit; gibt Laut bei der Arbeit im dichten Unterholz.

Wesen: Freundliches Wesen; Aggressivität höchst unerwünscht.

Kopf und Schädel: Schädel breit, zeigt mäßige Wölbung von Behang zu Behang, weder flach noch apfelköpfig, mit Vertiefung in der Mitte und einem betonten Stopp. Augenbrauenpartie gerunzelt; deutliches, aber nicht spitz auslaufendes Hinterhauptbein. Nasenlöcher gut entwickelt, leberfarben. Gut ausgewogener Kopf.

Augen: Haselnußfarben, mäßig groß, nicht rund, sanfter Ausdruck und nicht viel Nickhaut zeigend.

Behang: Dick, mäßig groß und lappig, etwas über Augenhöhe angesetzt. Dicht am Schädel anliegend.

Gebiß: Kräftige Kiefer mit einem perfekten, regelmäßigen und vollständigen Scherengebiß, wobei die obere Schneidezahnreihe ohne Zwischenraum über die untere greift und die Zähne senkrecht im Kiefer stehen.

Hals: Lang, kräftig und leicht gebogen, den Kopf nicht viel über der Rückenlinie tragend. Etwas lose Kehlhaut, aber gut sichtbare Halskrause.

Vorhand: Schultern schräg und beweglich. Ober- und Unterarm von guter Knochenstärke und gut bemuskelt. Vordermittelfußgelenk groß und kräftig. Vordermittelfuß kurz und von guter Knochenstärke. Läufe etwas kurz und kräftig.

Gebäude: Brustkorb tief und gut entwickelt, nicht zu rund und breit. Rücken und Lendenpartie gut entwickelt und muskulös in Breite und Tiefe. Die hinteren Rippen müssen tief reichen. Das ganze Gebäude stark und gleichförmig, dabei ohne Anzeichen einer Taille zwischen Widerrist und Hüfte.

Hinterhand: Oberschenkel starkknochig und muskulös, Sprunggelenke groß und kräftig, mit guten Knochen. Hinterläufe nicht sichtbar kürzer als die Vorderläufe oder überwinkelt.

Pfoten: Rund, gut gepolstert, gut befedert zwischen den Zehen.

Gangwerk/Bewegung: Einwandfrei vorne und hinten, mit eindeutigem Rollen.

Rute: Niedrig angesetzt und nie über der Rückenlinie getragen. Lebhaft bewegt. Kupiert auf eine Länge von 5–7 ins (= 12,5–18 cm).

Haarkleid: Reichlich und glatt, ohne Neigung zur Lockenbildung. Reichliche Unterwolle für Wetterresistenz. Behang bedeckt mit weichem, gewelltem Haar, aber nicht zu üppig. Vor- und Hinterhand angemessen gut befedert. Rute dicht mit Haar bedeckt aber nicht befedert.

Farbe: Satt goldleberfarben, der goldene Farbton zu den Haarspitzen zunehmend und vorherrschend. Dunkle Leberfarbe oder Rotbraun unerwünscht.

Größe: Ideale Höhe am Widerrist: 38–41 cm (15–16 ins). Gewicht ungefähr 50 lbs (= 22,7 kg).

Fehler: Jede Abweichung von den vorgenannten Punkten sollte als Fehler angesehen werden, dessen Bewertung im genauen Verhältnis zum Grad der Abweichung stehen sollte.

Anmerkung: Rüden sollten zwei offensichtlich normal entwickelte Hoden aufweisen, die sich vollständig im Skrotum befinden.

F.C.I.-Standard Nr. 126   *2. 3. 1988/D*

Welsh Springer Spaniel

Ursprungsland: Großbritannien

Allgemeines Erscheinungsbild: Symmetrisch, kompakt, nicht hochläufig, offensichtlich für Ausdauer und harte Arbeit gebaut. Bewegt sich schnell und lebhaft, mit viel Schwung und Schub.

Charakteristika: Sehr alte, eigenständige Rasse reinen Ursprungs. Kräftig, fröhlich und sehr lebhaft.

Wesen: Freundliches Wesen, keine Aggressivität oder Nervosität zeigend.

Kopf und Schädel: Schädel von angemessener Länge, leicht gewölbt, klar erkennbarer Stopp, gut gemeißelt unter den Augen. Fang von mittlerer Länge, gerade, mäßig quadratisch. Nasenlöcher gut entwickelt, braun bis dunkel.

Augen: Haselnußfarben oder dunkel, mittlere Größe, nicht hervorstehend, noch tiefliegend, noch Nickhaut zeigend.

Behang: Mäßig tief angesetzt und dicht an den Backen herabhängend. Verhältnismäßig klein und allmählich in eine Spitze auslaufend, ähnlich einem Weinblatt.

Gebiß: Kräftige Kiefer mit einem perfekten, regelmäßigen und vollständigen Scherengebiß, wobei die obere Schneidezahnreihe ohne Zwischenraum über die untere greift und die Zähne senkrecht im Kiefer stehen.

Hals: Lang, muskulös, ohne lose Kehlhaut, schön eingelassen in schräge Schultern.

Vorhand: Vorderläufe von mittlerer Länge, gerade, gute Knochenstärke.

Gebäude: Nicht lang, kräftig und muskulös. Tiefreichendes Brustbein, gut gewölbte Rippen. Länge des Gebäudes sollte im richtigen Verhältnis zur Länge der Läufe stehen. Lendenpartie von guter Kürze, muskulös und leicht gebogen.

Hinterhand: Kräftig und muskulös, breit und voll entwickelt, mit tiefreichenden Unterschenkeln. Hinterläufe von guter Knochenstärke, Sprunggelenke tief angesetzt, Kniegelenke gut, aber nicht übertrieben gewinkelt, weder nach innen noch nach außen drehend.

Pfoten: Rund, dick gepolstert. Fest, der Katzenpfote ähnlich, nicht groß oder gespreizt.

Gangwerk/Bewegung: Fließend, kraftvoll, raumgreifend, viel Schub.

Rute: Gut und niedrig angesetzt, niemals über der Rückenlinie getragen. Herkömmlicherweise kupiert. Lebhaft bewegt.

Haarkleid: Glatt, anliegend, seidige Beschaffenheit, dicht, niemals drahtig oder wellig. Lokkeres Haarkleid höchst unerwünscht. Vorderläufe und Hinterläufe über den Sprunggelenken mäßig befedert, Behang und Rute leicht befedert.

Farbe: Nur sattes Rot und Weiß.

Größe: Ungefähre Höhe am Widerrist: Rüden 48 cm (19 ins); Hündinnen: 46 cm (18 ins).

Fehler: Jede Abweichung von den vorgenannten Punkten sollte als Fehler angesehen werden, dessen Bewertung im genauen Verhältnis zum Grad der Abweichung stehen sollte.

Anmerkung: Rüden sollten zwei offensichtlich normal entwickelte Hoden aufweisen, die sich vollständig im Skrotum befinden.

Wichtige Adressen:

FCI Fédération Cynologique Internationale
12, Rue Leopold II, B-6530 Thuin

Landesverbände und Nationale Rasse-Clubs:

SCHWEIZ:
SKG Schweizerische Kynologische Gesellschaft
Falkenplatz 11, CH-3012 Bern

Spaniel Club der Schweiz
Altlandenbergstraße 23, CH-8494 Bauma

DEUTSCHLAND:
VDH Verband für das Deutsche Hundewesen e. V.
Westfalendamm 174, D-4600 Dortmund

Jagdspaniel-Klub e. V.
Hainbergstraße 17, D-3205 Bockenem I

ÖSTERREICH:
ÖKV Österreichischer Kynologenverband
Joh.-Teufel-Gasse 8, A-1238 Wien

Österreichischer Jagdspaniel-Klub
Wienerstraße 7, A-2201 Seyring

Verzeichnis der Abkürzungen:

Kennel Club	Englischer Landesverband
Cruft's	Jährliche Ausstellung des Kennel Club
Field Trial	Englische Jagdprüfung
Sh. Ch. = Show Champion	Englischer Ausstellungschampion
Ch. = Champion	Englischer Ausstellungschampion mit Arbeitsqualifikation
F. T. Ch. = Field Trial Champion	Englischer Arbeitschampion
Dualpurpose	für Schönheit und Arbeit gleichwertig, Mehrzweck
CACIB	Certificat d'aptitude au championat international de beauté
CAC	Certificat d'aptitude au championat de beauté

Literaturverzeichnis

ABC für Hundebesitzer
Urs Ochsenbein
Müller Verlag Rüschlikon

Spaniel
Dr. Peter Beyersdorf
Kynos Verlag, D-5537 Mürlenbach/Eifel

Cocker Spaniels
H.S. Lloyd
W. & G. Foyle Ltd, London

The Cocker Spaniel
Veronica Lucas-Lucas
Popular Dogs, London

The Springer Spaniel
Dorothy Morland Hooper
Popular Dogs, London

The New Complete
English Springer Spaniel
Charles S. Goodall and Julie Gasow
Howell Book House Inc., New York

Spaniels
Gerald Bishop
David & Charles Newton Abbot
London North Pomfret

The Sussex Spaniel
Peggy Grayson
The Boydell Press
Woodbridge

Die Spaniels
Dr. h.c. H. Räber
Schweiz. Hundesport, Bern

Gundog Breeds
James Johnston
Kelso Graphics
Kelso, Roxburghshire

Pure-Breed Dogs
Harry Glover
Trewin Copplestone Publishing Ltd
London

The World Encyclopedia of Dogs
Ferelith Hamilton
New English Library, London

Dogs in Britain
Clifford L.B. Hubbard
Macmillan and Co Ltd, London

Mein Freund der Hund
Verlag »Das Beste« GmbH
Stuttgart

Brevier Neuzeitlicher Hundezucht
Dr. h.c. H. Räber
Paul Haupt, Bern

Lexikon der Genetik der Hundekrankheiten
Ekkehard Wiesner, Siegfried Willer
S. Karger, Basel, München, Paris, London,
New York, Tokyo, Sydney

Susan Scales
Retriever Training
David & Charles Newton Abbot
London North Pomfret

Fachtierärztliche Durchsicht:
Dr. med. vet. U. Müller
Altlandenbergstraße 23
CH-8494 Bauma

**Photomaterial aus GB und
historische Bilder:**
Anne Roslin-Williams
Specialist in Dog Photography
Pear Trees, Clevelode Lane
Guarlford nr. Malvern, Worcs. GB

**Verfasser Kapitel
»Der Spaniel als Helfer des Menschen«
und Mitgestaltung Kapitel »Erziehung«:**
Urs Ochsenbein
Renggerstraße 49
CH-8038 Zürich

Titelbild: Photo G. Winiger

**Bearbeitung des schwarz/weiß
Bildmaterials und des Titelbildes:**
Rainer Baumgartner
Wiesenweg 18
CH-4805 Brittnau